コミュニケーション科叢書①

温かい人間関係を築き上げる「コミュニケーション科」の授業

Kikuchi Syozo
菊池省三◆菊池道場

中村堂

はじめに

「スピーチができない子どもたちに出会ったのだから、1年間かけてスピーチのできる子どもに育てなさい」

お師匠さんでもある桑田泰佑先生からこう言われたのが、コミュニケーションの指導を始めたきっかけです。簡単な自己紹介スピーチも満足にできない6年生と出会ったとき、困って相談した電話の向こうで話されたお言葉です。

平成2年の春でした。

当時は、コミュニケーションという言葉も教育界にはほとんどありませんでした。話し言葉、音声言語といった言葉であったと記憶しています。スピーチは、独話と表現されていました。読解指導、作文指導が花盛りの国語教育界でした。

桑田先生のご指導を受けながら、教育書ではなくビジネス書を中心に学び、手探りの状態で1年間スピーチを中心に教室での実践を繰り返し行いました。

結果、子どもたちは、劇的に変わりました。学級崩壊をしていたような教室が、見事に甦ったのです。一人ひとりが積極型の人間に育ち、温かい絆で結ばれた集団へと変貌していったのです。1年間で全く違った教室になりました。

その事実に対して桑田先生が、

「コミュニケーションの指導は、子どもの人間形成に必要であることが解明された」

と言って、大変喜んでいただいたことを今でも思い出します。

あれから、30年以上が経ちました。

担任時代は、コミュニケーションの指導を教室での全ての指導の軸に据えて実践を繰り返してきました。退職後は、全国を飛び回り、その必要性を訴えてきました。少しずつですが、確かな手応えを感じています。

先達の実践家、理論家からも多くのことを学ばせていただきました。

スピーチ指導では、当時独話指導の第一人者であった笠原登先生、NHK 日本語センターの小沼俊男氏、国語科教育では市毛勝雄先生や野口芳宏先生、ディベート関係であれば「教室ディベート」を提唱された岡本明人先生や佐賀大学教授の佐長健司先生、学級づくりの視点では道徳教育の深澤久先生や当時授業づくりネットワーク代表を務められていた上條晴夫先生、子ども熟議であれば当時文部科学副大臣をされていた鈴木寛先生や現在福島県のふたば未来学園副校長の南郷市兵先生などです。

「これでいい」というゴールのない世界ですから、著名な先生のもとに出かけて行ったり、北九州にお呼びしたりして毎年多くの方から学びました。書籍も買い漁り、読み込む毎日が続きました。学ぶ楽しさにわくわくしていました。

子どもたちは、そんな私との授業を体験する中で、大きな成長を毎年見せてくれました。そのような事実は、書籍だけではなく、NHK「プロフェッショナル仕事の流儀～勝負の教室」や映画「挑む一部～菊池省三 白熱する教室」「DVD で観る 菊池学級の成長の事実」（中村堂）などでも紹介していただきました。

私は、全国ネット「菊池道場」ができ、約 10 年経った今、同じ志をもった仲間と共に新しいステージに進もうと考えています。コミュニケーションを前面に打ち出した教育の実現です。「コミュニケーション科」設立への挑戦です。

数年前から、漠然とではありましたが、「『コミュニケーション科』という教科をつくりたい」という思いが私の中にありました。私自身の教職人生をふり返る中で、コミュニケーションという言葉は外せないキーワードですから。

その思いが、日々全国を回っている私の中で、年々強くなっていました。もちろん、このようなことは、すぐにできるはずはありません。当たり前です。それを百も承知で私は、本気で思い考え実現に向けて動き出そうと決めたのです。

本書は、その本格的な第一歩となるものです。執筆していただいた道場メンバーには、「道場」での合宿に何度も参加していただきました。実践を丁寧に行って、誠実にまとめていただきました。感謝しています。

また、中村堂の中村宏隆社長には、今回も企画段階から編集段階まで的確なご指導をいただきました。ありがとうございました。

子どもたちが自分らしさを発揮し合い、笑顔あふれる教室が日本全国に、当たり前に増えることを願っています。本書がそのためにお役に立つことを願っています。

2021年2月7日　菊池道場　道場長　菊池 省三

もくじ

序章

「コミュニケーション科」設立への思い

序章

「コミュニケーション科」設立への思い

菊池　省三　(菊池道場　道場長)

1　コミュニケーション指導の経験から

「はじめに」でも少し書きましたが、30数年前に自己紹介もできない6年生との出会いがありました。手探りでスピーチ指導から始めました。1年後の子どもたちの成長に、コミュニケーションの指導は人間形成のために必要不可欠であると気づきました。

その後、勤務した先々の学校で、どの学年でも、どんな「気になる子」がいても、コミュニケーションの指導を学級づくり、授業づくりの根幹において行ってきました。子どもたちは、毎年、驚異的な成長の姿を見せてくれました。

スピーチ指導から始まった私のコミュニケーション教育は、会話、対話、ディベート、音読・朗読・語り、コミュニケーションゲーム、少人数による話し合い、ほめ言葉のシャワー、価値語指導、学級会指導、劇指導…など多岐に渡りました。

指導の切り口や実践の比重は、実態に合わせて違いましたが、コミュニケーション指導の効果は絶大でした。

下のサインは、コミュニケーション教育の第一人者だと私が思い尊敬している明治大学教授の齋藤孝先生からいただいたものです。あるテレビ番組でご一緒させていただきました。収録後に、「菊池先生、応援しています」とお声をかけていただいたときのものです。強く背中を押してくださいました。

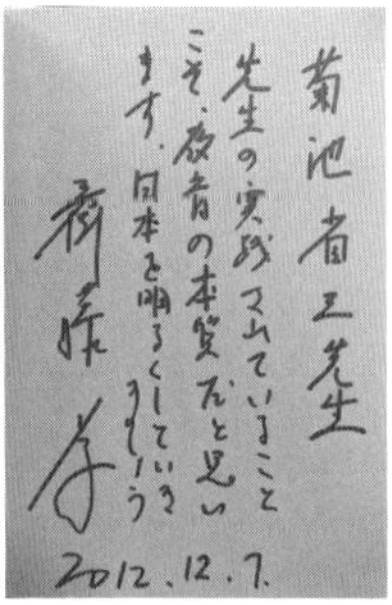

今では、30数年前に感じたことが、確信に変わってきているのです。

2　現行のカリキュラムでは不十分であるという指導の経験から

コミュニケーションの指導は、意図的、計画的、総合的に取り組む必要性を感じています。国語科の「話すこと・聞くこと」の単元だけで行っても限界があります。そのような技術レベルの指導では、子どもたちの「生きる力」には結びつかないのです。

私は、本書の巻末の「資料編」に示している「年間プログラム」を見ていただいても分かるように、教師は年間の見通しをもって指導する必要があるのです。その上で、子どもたちの能力や態度の実態を分析しながら指導していくべきなのです。

コミュニケーションは、目的やメンバー、時間、テーマ、場所などが変われば、その在り方も変わるのです。一度教えたからできるというものではないのです。コミュニケーションの力は、経験しないと伸びない力なのです。

また、日常の「思いつき」に近い躾レベルの指導を繰り返しても力はつきません。子どもは萎縮し、笑顔が消えていくだけです。主体的な人間は育たないのです。

表現したがらない子どもの多くは、「失敗」経験があるのです。教師の思いつきでの指導では、多くはマイナスを指摘する減点法で行われることが多いようです。それでは、子どものコミュニケーションの力は伸びません。

写真は、平成7年に国語科教育の市毛勝男先生、NHKの小沼俊男氏の前で、スピーチの「年間プログラム」（本書212・213ページ）を発表した時のものです、その後の実践からも、新しいカリキュラムが必要であると判断しているのです。

3　全国の学校、学級を訪れての実感から

この６年間、全国の様々な学校を回る中で、子どもたちのコミュニケーションの弱さを実感しています。小学校だけではありません。中学校も寂しい限りです。

先生と子どもたちの関係が不安定で、子ども同士のつながりが希薄な教室をたくさん見てきました。学び合う安心感が伝わってこないのです。

子どもたちは、教室、学校の中で、もがき苦しんでいるのです。自分の思いや感情を表すことができず、相手のそれらを受け入れることもできず、小さな殻の中に閉じこもって、自分を見つけられずにいるのです。

「菊池先生が、初めて自分を認めてくれたと思いました」

「１時間の中で、１回も注意されたり叱られたりしなかったのでうれしかったです」

このような感想を読むことがあります。日常の教室が思いやられます。

もちろん素敵な教室ともたくさん出合います。先生も子どもたちも明るく元気な教室です。そんな教室での授業は、豊かな対話が展開され、新しい気づきや発見もたくさんあります。

「菊池先生のように、子どもと子どもをつなぐことは大事ですよね」

「教室に学び合う空気が出てきました。初めて感じて子どもたちを見直しました」

多くの先生方（管理職、教育委員会も含め）は、私の授業や講演を通して、今までの指導の在り方を問い直してくださいます。

コミュニケーションを重視した飛込授業の中で、子どもたちが見せる笑顔を、全国の学校教室で甦らせたいのです。そのためにも、実践の指標となるカタチをつくりたいのです。その一つが「コミュニケーション科」なのです。

4　コミュニケーション力不足が引き起こす現在の学校での問題点から

多くの学校では、いじめ、不登校、学級崩壊といった問題に毎年直面しています。残念ながら、それらの問題に、いじめ対策、不登校対策といった「対処療法」で対応しているのが、多くの学校現場の現状です。

私は、それらの問題の多くは、コミュニケーション力不足がひき起こしていると考えています。人と人との関係がうまく築けていないから起きていると思うからです。

今も残念なことに、目の前の数字で表せる学力のみに一喜一憂している悲しい学校や地域もあります。そのような「教師」がいるということです。

私は、「厳しい」と言われる北九州市で33年間現場にいました。崩壊した現場を渡り歩いたと言っても過言ではありません。

出会った当初は、「教師のことは信じない」「どうせ自分のことは分かってくれない」といった子どもたちでした。「友達の存在を認めない」「他者とは関わろうとしない」そんな子どもたちでした。

言葉を植林しながら、言葉を大切に、言葉を育て合う指導を根幹に、コミュニケーションの指導を行い、それらを軌道に乗せることで、子どもたちは温かい関係性を築きながら成長していきました。そして、その後も逞しく自分の人生を生きています。

このような事実を大事にされている教師も多いのですが、まだまだ少数なのが現実です。

コミュニケーションの指導を大事にするということは、学校の中で起きている様々な問題に対する対処療法ではなく、アンビシャスな子どもを育てることにつながります。

今一度、本来の教育のあるべき姿を再確認することにつながるのです。

5　子どもから大人までが必要としている事実から

私は現在、幼稚園・保育所・こども園から、小学校、中学校、高等学校、大学の先生方や企業、一般の方たちと会っています。

そこで多くの方が話されるのは、子どもたちだけでなく、大人にも「コミュニケーション力の不足」という問題があるということです。コミュニケーション力というものの必要性を、みなさん共通して感じられているということです。

「子どもとの関係が築けない職員がいて、年々多くなっている」

「高圧的で子どもたちの心が離れてしまう。毎年繰り返される」

「温かな関係性への意識が弱すぎて、学級が落ち着かない」

「職場内のコミュニケーションがよくない理由から、離職者が絶えない」

「学級崩壊している教室に我が子を通わせるのはとても心配だ」

このような声を、どこに行っても耳にするのです。

そして、次のようなことを多くの方が口にされるのです。

「子どもの頃からコミュニケーションの教育があればよかった」

「コミュニケーション力が育っていないと教科の指導も深まらない」

「学校は、子どもたちの自分らしさを伸ばし認め合う場所にしてほしい」

私は、講演等で「大人も子どもも一緒でしょ」と話します。温かい人間関係の中で、自分も自由に生きていきたいということは、みんな同じだと思います。コミュニケーションの力は、体験しないと伸びない力だと言われています。それだけに、小学校時代から体験を通して学ぶ必要があると考えるのです。

6　具体的な「コミュニケーション科」の構想

■「コミュニケーション科」とは

現時点では、『温かい人間関係を築き上げる力を育て合う教科』と定義づけておこうと考えています。

技術指導を全面的に指導するのではなく、民主主義の考え方に立ち、

・学級の人間関係をよりよいものにするため

・学級の学びの絆を強いものにするため

ということを第一に考えて指導するということです。

具体的な授業時数は、各学年年間35時間を予定しています。

■「コミュニケーション科」でつけたい力

次の4点を考えています。

1．温かい人間関係をつくる力

2．自分らしさを発揮しながら、他者と協力して「学び」ができる力

3．相手を理解し好きになって、一緒に成長できる力

4．意味や感情を、言語・非言語等を活用して伝え合う力

授業は、対話的な授業になりますから、学級づくりの視点に立った内容になります。言い換えるなら、学級づくりの視点がないと成立しない教科であるということです。

■「コミュニケーション科」のカテゴリー

言葉の指導を核とし、「聞き合う」ということをキーステーションに、次の7つのカテゴリーを考えています。

①人との関わり（人間関係向上力）

②言葉への興味・関心（社会性語彙力）

③即興力　（身体表現力）

④自分らしさ力（言語＋非言語力）

⑤対話・話し合い力（文脈力）

⑥個と集団を育てる議論力（読む力）

⑦社会形成力

具体的には以下のような内容です。（案）

	指導の内容と活動例	ねらいと指導のポイント
人との関わり	○ほめ言葉のシャワー ・ほめ合うことの意味や価値 ・導入までのステップ ・レベルアップの授業群 ○質問タイム ・導入 ・レベルアップの授業群 ○成長を祝う会 ・白い黒板 ○成長の確認 ○日常のコミュニケーション	◆学級経営とつなげて指導する ・教師と子ども、子ども同士の関係づくりを行う ・子どもたちと一緒に活動レベルを決める ◆自己開示と相互理解を第一とする ・ほめ言葉のシャワーと連動して行う ・関係性の高まりを実感させる ◆各学期に１回行う ・一人ひとりの違いを尊重する
言葉への興味・関心	○価値語の指導 ・価値語の植林指導 ・価値語を考える授業群 ○語彙力・言葉集め ○言葉遊び ・しゃれ、なぞかけ、三段オチ　他 ○白い黒板 ○４つのアンケート	◆考え方や行動をプラスに導く ・価値語の量と質､種類を考えて指導する ・価値語が生まれ育つ教室をつくる ◆自由度の高い温かい教室を育て合う ・楽しいを第一とする ・自分らしさに気づかせる ・日常の言葉への関心を高めさせる ・言語感覚を磨き高め合う意識を育てる
即興力	○コミュニケーションゲーム ・質問系 ・スピーチ系 ・対話系 ・身体系 ○演劇的身体表現 ○演劇的コミュニケーション ・インプロ系	◆論理的な表現力を育てることを中心とする ・自分のことを自分の言葉で語れるようにさせる ・覚える学習からつくり出す学習の楽しさを教える ・他の活動とのつながりを意識させる ・コミュニケーションの体づくりを意識させる ◆身体論の立場に立つ ・共同的な学びの楽しさを実感させる

	指導の内容と活動例	ねらいと指導のポイント
自分らしさ力	○パフォーマンス力 ・声と表情態度スピーチ ○スピーチ・プレゼンテーション力 ・「3つあります」スピーチ ・「よいとこ見つけ」授業 ○論理的コミュニケーション力	◆コミュニケーションの公式①の指導を心がける ・非言語の価値を体験させ理解させる ・公式①プラスαを体験させて身につけさせる ◆筋道を立ててまとまった話ができるようにする ・低・1分、中・2分、高・3分の話をさせる ・子ども同士の伸び合いを基本とする
対話・話し合い力	○会話・雑談力 ○少人数での対話・話し合い ○ディベート的な話し合い ・ディベート的な話し合いの基本 ・ディベート的な話し合いの授業群	◆自分たちの生活向上とつないだ学習にする ・全員参加を基本とした学びの価値に気づかせる ・学びの規模の拡大を意図的に図る ◆少人数による話し合いを教科学習につなぐ ・話し合いの基本形にそって体験させる ・立ち歩きのある基本形をふまえたディベート的な話し合いを教科学習に積極的に活用する
個と集団を育てる議論力	○学級ディベート ・学級ディベートの基本 ・学級ディベートの指導群 ○学級会 ○子ども熟議	◆議論することの意味や価値を学ばせる ・ステップをふんで体験させる ・技術よりも意味や価値に重きを置いて指導する ・議論し合う楽しさを生き方とつないで指導する
社会形成力	○係活動 ○委員会活動 ○代表委員会	・みんなのことをみんなの幸せを考えてみんなで話し合う学級会（代表委員会）で学級力を伸ばす ・休み時間や放課後に数名で雑談的な座談会を行い、子どもたちの学びや学級の様子などを語り合う ・自治的な学級の成長度を係活動（クラブ活動、委員会活動）の充実度でふり返り合う

◆**補足（留意事項）**

現行の国語科との違いを明確にする。

例）スピーチにおける国語科と「コミュニケーション科」の違い

・国語科は……内容中心、説明的文中心、声の大きさ中心、「姿勢よく」が中心、正しくきちんと、が中心。正解主義。減点法。

・「コミュニケーション科」は……「コミュニケーションの公式」の考え方による、内容、声、表情姿勢と温かい思いやりが中心。自分らしく温かく、が中心。成長・変容主義。加点法。

現時点では、以上です。今後、実践研究を繰り返しながら、よりよいものに練り上げていきたいと考えています。

7 「コミュニケーション科」の土台として

飛込授業の参観をしていただいたり、私の授業DVDを視聴されたりしたあとに、先生方から以下に紹介するような質問をよく受けます。

その代表的な質問に答える形で、授業中における教師の具体的な言葉かけや行為とそれらを支える考え方（「観」）についてまとめました。

このような考え方や授業行為は、前述したコミュニケーション科の指導内容を支えるものです。

※　①②・・・は、具体的な菊池の言葉

　　・は、私が考えるねらいや考え方

1－①　なぜ、菊池は、スピードにこだわるのか？

①「先生は、遅い人を待ちません」

・子どもの可能性を信じている。

・1年間のスパンで指導を考えている。

②「もう、書いているでしょうね（板書）」

・集中して取り組む学び方を教える。

・教室のリズムとテンポを生み出す。

③「並びながら出発します（特別教室等への移動時）」

・キチンとしている子を大切に、本当の公平を教える。

・無駄な指導、時間の使い方をしない。

④「切り替えスピード、もっと速く」

・子どもの可能性を信じている。

・短いスパンで成果を実感させる。

⑤「何でもスピードが大事です」

・メタ的認知を促す。

・生活、学び全般に習慣化させる。

⑥「速ければ、速いほどいい」

・大まかな目標の提示である。

・みんなで学ぶ時間の価値を高める。

⑦「頭の中が、『春の海』状態ではだめです」

・討論時の思考のスピードをめざしている。

・白熱する話し合いをゴールイメージの１つにもっている。

⑧「話し手の口元を見ていたら同時に動けるようになる」

・技を盗む力を育てる。

・細部にこだわる成長技術を学ばせる。

⑨「（スピードが速いと余った時間で）半分違うことができるはず」

・「一斉指導＜学び合い学習」という考え方の可能性を広げる。

・学びの深化拡大や社会化を促す。

⑩「学びにおける本当の緩急が大事だよね」

・本当の個性、自分らしさの発見＆伸長。

・学びの目的や内容を考えられる強い学び手を育てる。

1－②　なぜ、菊池は、拍手にこだわるのか？

①「指の骨が折れるぐらいの拍手を」

・ユーモアを含む大まかな目標である

・教室の中の「非日常」を楽しませる

②「拍手をすると笑顔になるんだよね」

・楽しい学びの空気づくりである

・笑顔、拍手は主体的な学び手に必要であると考える

③「〇〇くん、君は拍手リーダー」

・ユーモアと一体感を生み出す

・場の空気を作り動かせる人を育てる

④「拍手は参加度のバロメーター」

・学びの主体であることを感じさせる

・学びへの参加度を意識させる

⑤「場の空気を読めているから拍手できるんだよね」

・相手意識、目的意識をもたせる。

・「ほめて・認めて・励まし合う」という相手への思いやりを表出させる。

⑥「拍手は当事者意識の表れ」

・参加者としての自覚と責任をもたせる

・常に全員参加を求めている

⑦「学び合う仲間として、礼儀です」

・同じ教室にいる者は成長させ合う関係である

・お互いに尊重し合う証としての贈り物である

⑧「拍手もコミュニケーションです」

・非言語コミュニケーションの重要性を理解させる

・知識ではなく、成長し合う人間関係を重視する

⑨「誰にでも同じ拍手ができる人になろう」

・差別をなくし平等性を第一とする

・見えない「いじめ」をも排する正義と勇気でもある

⑩「両方（心から、型から）からできるのが学び合う人間です」

・両面から価値付けて行動できる人間を育てる

・学び合い考え続ける人間の身体を意識させる

以上は、「自分から学ぶ、自分たちで学び合う気持ちと身体をつくる」ことの基本であると考えます。スピードや拍手だけではなく、アイコンタクト、うなずきなども、学び合う仲間としてのマナーであると考えるべきです。

みんなで学び合う時には、「明るく楽しく」が大原則です。そのための気持ちと身体を意識させるのです。まずは、教師がそうしてみせるのです。それらは、必ず子どもたちに伝わります。

コミュニケーションあふれる教室は、笑顔が広がっています。上機嫌で学び合っているのです。スピードを意識することでリズムやテンポが生まれ、教師と子ども、子ども同士の呼応し合う関係も育ってきます。しなやかでやわらかい教室になるのです。

2－①　なぜ、菊池は、自由な交流を積極的に活用するのか？

①「自分から席を立って動くんです」

・主体的な学び手を育てる

・脱一斉指導の象徴的な学びの実現をめざす

②「（納得して動く）一人が美しい」

・教科のねらいを越えた人を育てるという大きなねらいの中心的な考えである

・教育基本法第１条教育の目的「人格の完成」である

③「（声をかけ合う）一人をつくらない」

・学び合う集団としてもつべき中心的な考えを示す

・教育基本法第１条教育の目的「健康な国民の育成」である

④「友達の意見を聞いて、写せばいいんだよね」

・個人内完結の学びではなく、友達と学び合うことを重視する

・全員が考えをもったあとの学び合いが学習の中心である

⑤「(交流で) まさか、男子女子別、好きな者同士はないよね？」

・学び合いは、当然学級づくり的な課題が出てくる

・健全な関係性の中で対話的な学びは成立する

⑥「交流は、笑顔でお願いね」

・人と論を区別することが大原則のルール

・コミュニケーションはお互いの成長であり勝ち負けではない

⑦「まさか、同じ人とばかりじゃないよね」

・学びは進化していく、させるべきものである

・一人ひとりの違いの事実と効果の実感

⑧「(交流中に) ちょっとストップ。何か気になることない？」

・自分たちのことを自分たちで解決していく民主的な学び

・関係づくりと学び合い授業との一体化

⑨「誰とでもできます、します。これが○年生だよね」

・自発的、自治的風土の醸成

・甘えを断ち切り負荷を与える

⑩「これは、誰と話したい、聞きたい。こう考え行動できる自分たちでありたいよね」

・学びの自立を求める

・目的と手段の関係の指導とその理解

2－②　なぜ、菊池は、列指名を多用するのか？

①「はい、この列立ちましょう」

・全員参加が当たり前であることを実感させる

・発言をするとかしないとかが問題ではなく、その後の学び合いを重視して、それらを大事にする

②「まさか、『同じです』『一緒です』はないよね」
・一人ひとりが違うことは当たり前だと考える
・自分を出す学びに向かう強さを求める
③「それでいい。分からなければ『分かりません』でいい」
・自己表現をすることを大事にする
・悔しさをばねに「次」に伸びればよいと考える
④「自分の言葉で言ってみて」
・答えは外ではなく自分の中にあると考える
・話すと人は自分の言葉になることを実感させる
⑤「一人ひとり違うんだ。これが教室なんだよね」
・違って安心という本来の教室のあるべき姿を示す
・正解主義の授業ではなく、学校の本来の学びを示す
⑥「誰か、代わりに言える人いませんか？」
・フォローし合うのが教室での学習の当たり前である
・個人戦ではない団体戦としての学びをつくる
⑦「例えば？」「なぜ？」
・具体と抽象の往復で考える力を育てる
・具体化する学びの心の強さを育てる
⑧「自分のことを自分の言葉で話す。大切なことですね」
・答えを自分でつくろうとする本来の学び手を育てる
・納得解を求める学び合いの楽しさを信じる心を育てる
⑨「即興力ですね」
・これからのコミュニケーションの在り方を示す
・他者とつながる自己開示力を伸ばす
⑩「全員参加。みんなで学び合うのが教室の当たり前だよね」
・学校教育の本来あるべき姿を示す
・一人も見捨てない教育の実現をめざす

以上の「1－①②」と「2－①②」の２つは、主体的・対話的で深い学

びに向かうための授業改善の２大ポイントであると考えています。脱一斉指導のポイントです。正解は１つではなく、みんなでつくり上げていくものであるという考え方に立っているのです。

この２つのポイントは、小学校でも中学校でも取り入れるべきです。校種は関係ありません。教科領域も関係ありません。みんなで学び合う楽しい授業づくりの第一歩です。

以上のような具体的な指導を日々行うべきです。「コミュニケーション科」の授業の土台です。

第 1 章

コミュニケーション科の授業（1）

人との関わり

総論

❶ほめ言葉のシャワー

❷質問タイム

❸成長を祝う会

❹成長の確認

❺日常のコミュニケーション

【注】本書の授業記録の中で、『　　　』は教師の発言、「　　　」は児童の発言を示しています。

第１章
コミュニケーション科の授業（1）

人との関わり（総論）

丹野　裕基（菊池道場東京支部）

1　本章で捉える「人との関わり」とは

本章で捉える「人との関わり」とは、「人間関係を向上させる力」のことです。具体的には、自分らしさを発揮する力、相手を理解する力、それらを生かして人間関係をよりよく築く力のことです。これは、コミュニケーション科が育成をめざす４つの力の土台とも言えます。

「人間関係を向上させる力」というと、「相手に合わせる調整力」や「自分の考えを伝えるための話す力」、「相手の話すことを理解するための聞く力」といった資質や能力的な面に目が向きがちです。しかし、コミュニケーション科では、「自分にもよいところがある」「一人ひとり違っていい」「みんなと一緒に学ぶことが楽しい」というような、自分自身のことや他者のこと、人と関わることを肯定的に捉える「心」を育むことを大切にします。人間関係は、一緒に何かに取り組めば豊かになるものではありません。他者と関わるよさを十分に感じ、個人や集団の中にこうした「心」が育まれていくことで初めて、温かい人間関係が築かれていきます。新学習指導要領の改訂のキーワードに、「主体的・対話的で深い学びの実現」が示されていますが、何か間違ったことを言ったら笑われるかもしれない、そんな友達同士の関係が希薄で不安定な教室では、到底、そこでめざす力を育てることはできません。「人との関わり」を育むことは、学ぶための根幹となる力を育むこととも言えそうです。

・「相手を知らない」からこそ自分と違って見える友達を差別する
・「自分のよさや強みを知らない」ので一人で何かをすることが怖い
・「一人ひとり違っていいことを知らない」から人と群れる

本章では、こうした人間関係に関わる課題を乗り越えるために、「ほめ言葉のシャワー」、「質問タイム」、「成長を祝う会」、「成長の確認」「日常のコミュニケーション」の授業を提案します。この授業を「育てる」きっかけと捉えて、年間を通した継続性を大切にして指導していきましょう。

2　本章で紹介する「人との関わり」を育成するための実践

①ほめ言葉のシャワー

よいところを見つけ合い、伝え合う活動です。一人ひとり違うことを前提に、互いを認め合う「観察力」を育てていきます。相手を尊重し、違いを受容しながら、自分らしさを発揮していく土台を築きます。

②質問タイム

毎朝その日の主人公に向けて、全員で様々な質問を投げかけ、それに答えていく活動です。１日の始まりをみんなからの質問で明るく元気にスタートさせます。質問の応答は、その人の新しい一面を知り、深掘りしていくことです。人間関係を築くきっかけにしていきます。

③成長を祝う会

「成長を祝う会」は、節目となる学期末に、集団の成長をポジティブにふり返り、次の成長のステップへと進むきっかけをつくる授業です。「自分たちって最高！」「もっと成長できそう！」そんな明るい未来を想像させます。

④成長の確認

自分の成長、そして学級（学校）の成長と、複数の視点からふり返ることで、「日常生活をよりよいものにしていこう」と思考し始めます。教師の励ましで、成長を自覚させ、教師と子どもの関係を強くします。

⑤日常のコミュニケーション

日常のコミュニケーションとして、「席替え」を通したよりよい人間関係づくりを考えます。教師が決める席、荒れないように、集中しやすくする目的で…ではなく、よりよい関係を築くために席替えを活用します。「いつでも、どこでも、誰とでも」楽しめる集団をめざします。

第１章

コミュニケーション科の授業（1）人との関わり

❶ほめ言葉のシャワー

ほめること・ほめられることのよさを体験しよう！

木原　小百合（菊池道場東京支部）

1　ねらい

「ほめ言葉のシャワー」は、一人ひとりのよいところを見つけ合い伝え合う活動です。一人に対して、残りのクラスの友達全員から、ほめ言葉を「シャワー」のように浴びせます。多くの教室では、帰りの会で友達のよかったところを伝える時間があります。しかし、発表する人もほめられる人も固定化されていることが少なくありません。

菊池氏も述べているように、ほめ言葉のシャワーを毎日行うことで、友達のよさを見つける観察力や、温かい言葉で伝える表現力が高まります。そして、互いに小さな丸をつけ合いながらほめ合うことで、友達同士の関係が強くなり、教室が自信と安心の場所へと変化します。

４月から教師が「ほめる」ことを通して、一人ひとりとつながっていきます。ただほめるのではなく「子どもの行為を意味付け・価値付けてほめること」がポイントです。関係を築き、学級の実態をつかんだところから「ほめること・ほめられること」のよさを、体験を通して実感させていきます。そして、伝え合っている子どもたちの姿を、教師は次々にほめていきます。「よく見ていたね」「○○さんらしい温かい言葉だな」「笑顔が素敵」「○○という言葉がいいね」「なるほど、それも○○さんのよさだね」等、言われた本人も、学級全体にも優しくて温かい空気が流れます。互いをほめ合い、認め合える子どもたちは、成長をめざして日々の生活が送れるようになり誰とでもコミュニケーション科がめざす４つの力を高めるための「基盤」を育むことにつながるのです。

今回は、書き言葉を通して、ほめ合うことの意味や価値を子どもたちに理解させていく最初の授業を紹介します。

2　主な展開

最初は「文字に書いてほめる・ほめられる」という体験をします。全員の前で、主人公に音声で伝えるまでのステップとなる指導です。２年生以降は、学級に少しずつ慣れてきた６月頃を想定しています（１年生はひらがなやカタカナの学習を終えた頃)。

(1) 活動の主なねらい

学級の友達とほめたり、ほめられたりする体験を通して、その嬉しさや喜びを感じる心情を育む。

(2) １時間の主な展開

①「A　叱られる」と「B　ほめられる」のどちらが好きか考え、成長ノートに書く。
② A4 用紙を４等分に折り、一番上に自分の名前を書く。
③回収して、ランダムに再配布された用紙に、名前が書いてある友達のよいところを書く。これを４回続ける。
④４回めが終わったら、本人に届けに行かせ、友達が書いてくれた自分のよいところを読む。
⑤ A4 用紙の裏に、読んだ感想を書く。

〈４回めが終わったあと〉

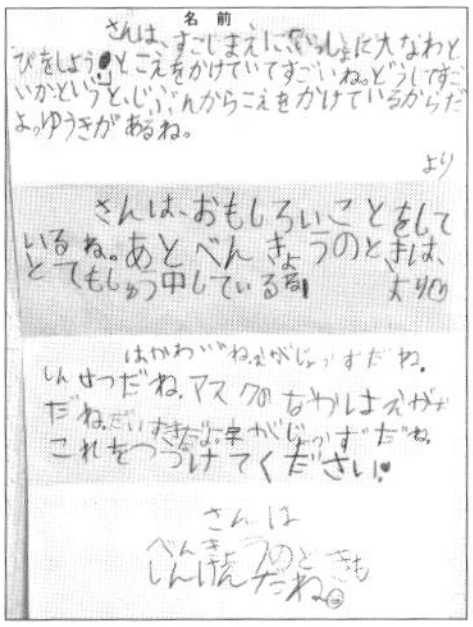

〈裏面に書いた感想（１年生)〉

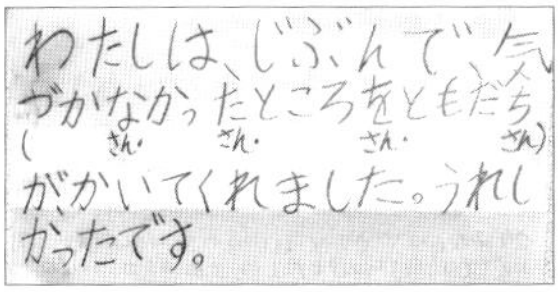

日々、教師が一人ひとりの成長を信じ、どんなに小さな事実も喜び、そしてほめることが大切です。学級開きから年間を通じて、子どものよさを価値付けほめ続けます。すると、子どもたち同士もお互いのよさをほめ合うことが自然になってきます。子どもたちは教師の言葉や表情をよく見ています。教師が笑顔でほめて、認めて、励まし、寄り添っていきましょう。

(3) 展開例

①「A 叱られる」と「B ほめられる」のどちらが好きか考え、成長ノートに書く

黒板に「A叱られる B ほめられる」と書きます。Aの読み方をペアで確認します。

『あなたは、どちらが好きですか。AかB。成長ノートに書きましょう』

この学級は、AとBどちらを書いた人が多そうか予想をしたあと、予想が多かったBを選んだ人に挙手させます。

『では、Aと書いた人、手を挙げましょう』

Aと書いた数名が手を挙げた中に、少し不安気な表情も見られます。

『一人が美しいですね』

> **コミュニケーション指導のポイント** 少数派に手を挙げることは勇気がいることです。教師がその頑張りをほめることで、“お互いを認め合っていこう”と子どもたちが思える空気をつくりましょう。

『Aを選んだ理由は何ですか。ノートに書いていなくても、ズバッと言えますね。やってみましょう』

「叱られると次は頑張ろうという気持ちになって、成長するからです」

「叱られたことを直そうとして、できたときにほめられるからです」

『突然、理由を聞かれても自分の意見を伝えられる。そして、それを受け止める仲間がいる。素敵な○組のみなさんですね！』

②A４用紙を４等分に折り、一番上に自分の名前を書く。

A４用紙を配布し、用紙を４等分に折ります。用紙を縦に広げたその一番上に、自分の名前を書きます。

『クラスの誰かが、今からここにあなたのよいところや素敵なところを、書いてくれると思うと、わくわくドキドキしますね』

③回収して、ランダムに再配布された用紙に、名前が書いてある友達のよいところを書く。これを４回続ける。

用紙を回収し、シャフルして配る（裏返しのまま配ります）。

黒板に書いた用紙の図を使って、書き方の説明をします。
『ここに、名前が書いてありますね。その友達のよいところを、頑張っているところ、真似したいところ、素敵なところ、かっこいいところ、かわいらしいところ。いろいろありますね。それをここに書きます。そこに書いてある友達のことを、ほめます』
何分で書けそうか聞いたところ、「３分」と返ってきました。１回めなので、３分30秒で設定しました。
一人の児童の席の横を歩きながら、特定の子どもに話しかけるようにしながら、全体に聞こえる声で教師がつぶやいていきます。

『自分が思った通りに書けばいいですよね』
『正解はないんだ。なるほど』
『時間がまだあるから、詳しく書いてもいいんだよね』
『わあ、これは嬉しい！』
『今、自分のことを誰かが書いてくれている心境はどうですか』
「嬉しい」
『じゃあ、あなたが書いている相手の人も嬉しいわけですね。なるほどね』

コミュニケーション指導のポイント　**子どもたちが書いている時でも、教師のパフォーマンス力で、“ほめるぞ！”と意志が芽生えてきます。また、自分のことを誰かが書いてくれているという期待感に包まれます。**

回収する時間になっても、一人書き続ける子がいました。周りの人は誰も急がせる言葉を言いません。
『なぜ、○○さんは一人で書けるか分かりますか。まだ始まって数か月しか経っていないけれど、○組のみなさんが、優しいからですよ。優しくなかったら適当に終わります。最後まで頑張れるっていうのは、あなたたち全員が優しいからですよ。とっても素敵な学級です。みんなでほめ合いましょう、大きな拍手！』
教師がほかの誰よりも子どもたちの姿をほめて、成長を喜ぶ姿を全身で表現することで、心地よい拍手が教室に響きます。

④ 4回めが終わったら、本人に届けに行かせ、友達が書いてくれた自分のよいところを読む。

紙の持ち主に届けに行かせる前に、以下のことを伝えます。

『めっちゃ素敵な笑顔で読むんですよ。いいですか？笑顔が勝負ですからね。届けに行く前に、隣の人に、“あなたの笑顔かわいいよ”って言ってあげましょう。どうぞ！その笑顔で行きましょう！』

堂々とやる子、遠慮がちにやる子。それぞれです。

コミュニケーション指導のポイント	友達がほめてくれた喜びを素直に表情でも表現していけるように、教師は笑顔を促していきましょう。

用紙が届けられると、嬉しそうに、照れながら、一生懸命読んでいます。

⑤ A4 用紙の裏に、読んだ感想を書く。

『裏にして、感想を書きましょう。書いたことや、書いてもらったことや、この時間のことを書きましょう』

コミュニケーション指導のポイント	ほめる・ほめられる体験をした素直な感想に教師は心を込めてコメントを書き、次につなげていきましょう。

4　発展と応用

第２時は、ほめ言葉をたくさん出し合う活動をします。グループで競い合うようにほめ言葉を出し共有することで、ほめ言葉が数多くあることを実感します。最後に、『ほめ言葉が教室にあふれると、どんな学級になるのか（もし、色で表すと？）』を考え成長ノートに書きます。

第３時は、教師が作成した友達をほめる時の伝達言葉をいくつか読み、どの言葉が好きかを選ばせ、理由も言うことで【ほめ言葉＝自分らしさ】であることを知ることにつながります。

第４時は、自由起立の体験をします（窓から見えた景色や様子を成長ノートに１文で書かせ、自由起立で発表していきました）。そして、いよいよ、１回めのほめ言葉のシャワーに入ります。

〈ほめ言葉のシャワーの基本的な流れ〉

①今日の主人公に、学級の全員が自由起立でほめ言葉を伝えていく。

「○○さんは、いつもみんなに優しい声で話しているね」「昨日、“一緒に帰ろう”と言ってくれて嬉しかったよ。ありがとう」など、よかったところ、頑張ったところ、素敵なところを次々と伝えていきます。この時、全員が伝えます。「一人ひとりをみんなで大切にするんだ、全員で一緒に成長するんだ」という思いを、学級の当たり前にしていきます。

そして、自由起立でシャワーのように伝えていきます。言葉で伝える心の準備ができた人から、自分の意志で伝えるというクラスの雰囲気を確かにすることができます。

②主人公は学級全体にお礼のスピーチをする。

ほめ言葉を全員が伝えたら、主人公はお礼のスピーチをします。「みんなに伝えたいことは２つあります。１つめは“出す声”で頑張ったね”と言われたことが､嬉しかったです。２つめは“いつでも笑顔だね”と言われたことが嬉しかったです。ありがとうございました」

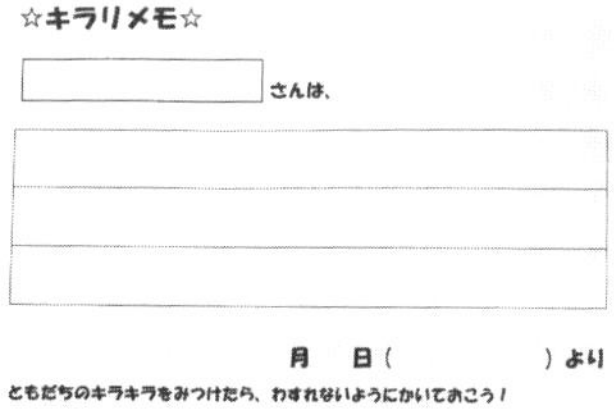

どの学年でも基本は同じです。最初はメモに書いてから発表すると安心して言える子どももいます。

子どもたちがお互いのよさを知っていき、自分のよさにも気づけるようになることで、子ども同士のコミュニケーションが豊かになっていきます。すると、学び合う空気や身体、つながり合う関係性も高まっていきます。

ほめ言葉のシャワーを始めたら、「成長ノート」や「白い黒板」で活動をふり返り、レベルを上げていきます。「価値語」を使ってほめ合うことで、表現力の高まりにもつながります。子ども同士の絆を深め、一人ひとりにとって自信と安心の場所となる教室にしていきましょう。

第１章
コミュニケーション科の授業（1）人との関わり

❷質問タイム

質問し合うことでお互いを知り、関わりを深めよう

遠藤　正和（菊池道場東京支部）

1　ねらい

年度初めの新しい教室。新しい年度では、教室のメンバーもリセットされます。それがよい方向に進む場合もありますが、そうではないこともあります。特に、前年度を難しい学級で過ごした子どもたちなら、そこには不安や心配もあることでしょう。大切なのは、お互いを知り、安心感の中で関わりを深めていくこと。その可能性を広げていく一つとして、「質問タイム（ミニライフヒストリー）」は、学級の人間関係を深めていくものであると考えています。

質問タイムでは、朝の会でその日の主人公となる日直に学級の全員が質問を投げかけます。菊池氏は、質問タイムについて「お互いのことを多面的に理解し合うことができ、それによってコミュニケーションの土台でもある温かい人間関係が築かれていきます」と述べています。子ども同士がつながり合い、安心できる環境づくりをめざす活動として、重要な時間と言えます。

菊池氏は、『「授業観」試案』の中で、「教師と子どもが創る自信と安心感のある学級」づくりのための１つとして、質問タイムの流れを以下のように示しています。

●自己開示、他者理解→●テーマ、形態の進化→●自己確認、自己拡大

同じ教室にいても、子どもたちはお互いのことをよく知らないものです。ともすれば、男女で１日１度も言葉を交わさないこともあるでしょう。この朝の質問タイムを続けていくことで、お互いを知ることにつながります。同時にそれは学級全体の人間関係を築くことにもつながるで

しょう。理解した、理解してもらったという相互の関係性の中で、子ども同士の横のつながりが生まれ、そこにまたコミュニケーションが生まれる。つまり質問タイムは、日常生活全ての活動に関わる、人と人との関係づくりの基となる、学級の土台となるものと言えます。

2　主な展開

質問タイムは、「朝の指導」の１つとして１日１人ずつに対して行う活動です。その日の主人公として１人日直を決め、その人に対して全員が質問をつなげていきます。１人めが質問し、その質問に関連する質問を次の人、その次の人と連続で質問を続けていきます。ここでは主に学級開きの初期段階を想定しています。学校や学年の実情に合わせ、時間設定や配分を調整してください。

(1) 主なねらい

①質問タイムのやり方を知り、楽しみながら質問をし合う。
②たくさんの視点で質問し、プラスの部分を引き出そうとすること。
③楽しみながら互いの知らなかった点について知ることで、他者理解を深める。

(2) １時間の主な展開例

(1) よりよい学級をつくるために大切なことを考え、見通しをもつ
①新しい学級をよいものにしていくために必要なことは何か、考える。
②意見を出し合い、考えを共有する。
③そのために、「質問し合う」ことで理解を深めていくことを確認する。
(2) コミュニケーションゲームを行い、楽しみながら質問力を高める。
①「質問ゲーム」で質問力を高める。
②ゲームを通して、よりよい質問の仕方について確認する。
(3)「質問タイム」のやり方を知り、実際に取り組む
①主人公に対し、教師が簡単な質問をする（犬と猫どちらが好きですか？等）。
②答えに関連した質問をほかの人がして、その答えに対してまた次の

人が質問をする。それを繰り返して掘り下げ、広げていく。
③主人公は、感想を話す。

(4) 感想を共有し、次回への布石とする

○成長ノートに感想を書く。隣の人と共有し、次の日からの活動につなげる。

3　展開例

(1) よりよい学級をつくるために大切なことを考え、見通しをもつ

初めに、よりよい学級の在り方について考えを広げます。

『新しい学級をみんなでよいものにしていくために、どんなことが大切でしょう？』

隣の人との相談をはさみ、聞いてみました。「お互いを大切にする」「思いやりがある」「楽しさとか、明るさ」「協力すること」と、いくつも出てきます。

それらを黒板に書き、『なるほど、みんなが大切にしたいと思うことは一つではなく、いくつもあるということですね』と、一つ一つが大切であることを確認しました。

『では、これらを実現していくためにはどんなことが必要かな？』

「うーん」「何だろう…」「関わり合い？」と、子どもたちは真剣に考えています。

そして黒板に『お互いを○○こと』と書きました。

『これらのことを進めていく時に大切なことです。○の中には何が入るでしょう』

子どもたちは口々に相談し合っています。「２文字だね」「よく思う？」「知る…？」

『おっ、よく考えてくれていますね！ここには「知る」が入ります』

そして、お互いを知ることがよい関係づくりにつながること、そしてたくさんの質問をし合うことでその人自身を深く知ることができるということを、しっかりと語ります。

『お互いを思いやったり、協力したりすることはとても大切ですね。でも、「じゃあ協力しましょう！」と言われても、いきなりはなかなか難しい。まずお互いのことを知ることが大切ですね。そのために、質問を活用します。いろいろな人とそれを繰り返すことで知っていることが増え、よりよい関係をつくっていくことにもつながりますね。今日はまず、それをゲームを通して実際に体験してみましょう』

コミュニケーション指導のポイント 学級をつくっていく上で大切にしたいことを、子どもたちと言葉を出し合い共有します。その上で、教師の願いをしっかりと語ることで、その真剣さを伝えていくことが大切です。

（2）コミュニケーションゲームを行い、楽しみながら質問力を高める

ここでは「質問ゲーム」を取り上げ、質問力を高めていきます。質問ゲームは、３人組になり、１人に対してほかの２人ができるだけたくさん質問し、いくつ答えられたかを競い合うゲームです。学級開きから間もない場合は、児童の関係性を見て座席順に教師が組み分けていくとよいでしょう。流れを黒板に書きながら確認します。

『①２分間、質問を続けます。②質問に答える人は１人、質問する人は２人。同じ人の質問は、２回までです。③全部でいくつ質問できたか競い合います。それでは始めましょう。ようい、スタート！』

「好きな食べ物は何ですか？」「行ってみたいところはどこ？」と、勢いよく次々に質問を浴びせていきます。

終了後、各チームの点数を黒板に記録していきました。

『得点が多かったチームさん、どんな質問をすれば多く質問に答えられるのかな？』

「簡単な質問です」「はいかいいえで答えられるもの」「選択肢があるものです」

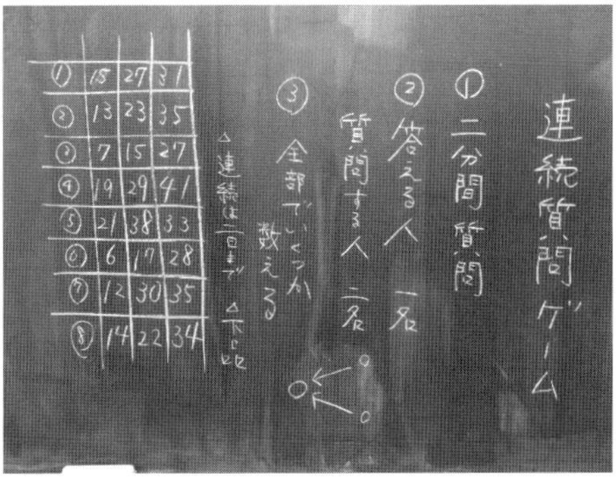

『できるだけ相手が答えやすい質問を考えることが大切なのですね。よいヒントを出してくれた彼らに、大きな拍手をしましょう！（拍手）』

これらのヒントを聞き、2回め以降はほとんどのチームが1回めの得点を超えていました。教師は適宜子どものよさを見つけ、全体に伝えていきます。

コミュニケーション指導のポイント **質問をし合いながら楽しむ、協力し合うという体験を子どもたちにさせます。よい行動を見つけ、拍手で盛り上げながら前向きな空気をつくっていきましょう。**

具体的な行動の例：『笑顔がいいですね』『スピード感のある答え方だね』『うなずき方がいい』『体の向きがしっかりと話し手を向いている』『身ぶり手ぶりで伝えようとしていますね』『アイコンタクトが取れている』『拍手で盛り上げているね』

(3)「質問タイム」のやり方を知り、実際に取り組む

質問ゲームのあと、いよいよ質問タイムにつなげていきます。

『今日から、お互いのことをもっと知り、よりよいクラスにしていくために「質問タイム」を始めていきます。質問タイムは、1日の主人公の日直さんに対し、みんなでいろいろな質問をして、答えてもらいます』

「どきどきするね」「どんな質問でもいいんですか？」

『そうですね、できるだけその人らしさが出る質問がいいですね。答えづらい質問は、無理して答えなくても大丈夫。1人めの質問の答えに対して、次の質問者はそれに関連する質問をします。そして次の人、その次の人とつないでいきましょう。まず、先生がお手本をやります。■■さんはラーメンとうどん、どっちが好きですか？』

「ラーメンです」『なるほど。何ラーメンが好きですか？』

「とんこつラーメンです」『私もです。では、具材は何が好きですか？…という感じで、次の人は質問を続けていきます』

「なるほど、分かったぞ」「やってみたい！」子どもたちは乗り気になっています。

初めは挙手－指名の形で進めていくと、子どもも無理なく行えます。少し考える時間を取った上で、改めて１人めの質問タイムを行います。
「日直の■■です。よろしくお願いします（大きな拍手！）」
「好きな食べ物は何ですか」「ハンバーグです」「趣味は何ですか」「読書です」「何の本が好きですか」「謎解きです」子どもたちは、やりとりを聞きながら、「自分と同じだな」「へえ、意外！」とその人の新たな一面を楽しんでいる様子でした。

コミュニケーション指導のポイント 質問が滞ってきた場合は、教師から『よし、頑張ろう！』と励まし、促します。周りと協力して質問をするなどして、スタートの段階では、失敗感を与えないことが大切です。

場合によっては、全員の質問には至らないかもしれません。求め過ぎずにある程度の時間で区切り、感想を話してもらいましょう。
『今日は、たくさんの質問が出ましたね。■■さんも、初めてなのにとてもはきはきと答えられていました。素晴らしいですね。大きな拍手をしましょう！（大拍手）このように、学級みんなで質問をし合い、お互いを知ることで、きっとクラスの仲も深まっていきますね。明日からは朝の会の中で行います。明日は◇◇さんです』

(4) 感想を共有する

最後に、今日の授業で感じたことを成長ノートに書いてもらいます。時間があれば隣の人や全体で共有し、次回への布石とします。
「質問ゲームでたくさん出し合うのが楽しかったです」「質問タイムで■■さんの新しい一面が知れました」「自分の番になるのが今からドキドキです」

最後の感想共有で子どもの気づきをほめ、明日からの活動につなげていきましょう。

4　発展と応用

(1) 質問タイムの年間のステップとそのポイント

質問タイムは、「ほめ言葉のシャワー」とセットにして行うことで、よりお互いのことを多面的に理解し合い、温かい人間関係を築いていくことにもつながります。1年間の学期ごとのステップで考えていきます。

1学期…【自己開示、他者理解】 ここでのねらいは、「質疑応答を楽しみ、お互いを知る」ことです。質問タイムを楽しみながら行うことを通して、お互いの知らなかった一面に気づいていきます。その積み重ねが、学級の雰囲気づくりの土台になっていきます。

2学期…【テーマ、形態の進化】 慣れてきたら、好きなことや得意分野などを伝え合うようにします。1文でもよいので短いスピーチのあと、質問タイムにつなげます。（テーマ例：私の宝物、頑張っていること、好きなこと）効果的な質問の仕方、掘り下げる質問など技術面や態度面の指導も行います。

3学期…【自己確認、自己拡大】「その人らしさ」を引き出し合う段階です。今まで以上に最初に質問する人の内容がポイントになります（例：いつも前向きな○○さんですが、意識していることは何ですか。将来の夢は何ですか？）。その人らしさやよさを引き出す質問について考えさせることで、お互いに成長し合うことにもつながるでしょう。

(2) 低学年では型を意識し、中学年ではよさを広げて

低学年では、質問の型（聞き方、答え方）から丁寧に教え、じっくり進めていきます。初めは「はい！」と答えられる質問から、少しずつ種類を増やしていくとよいでしょう。（今日も日直頑張ってね！給食は好きですか？など）はきはきと答えられていることなどを大いにほめ、発達段階に応じたステップにしていくことが大切です。

中学年でも同様ですが、内容を深掘りするような質問や相手のことを考えた質問などをほめ、価値付けをしていきましょう。お互いのよさを認め合うことで、その繰り返しが質問力を高めることにつながります。

第１章

コミュニケーション科の授業（1）人との関わり

❸成長を祝う会

成長をふり返り、成長を加速させよう！

丹野　裕基（菊池道場東京支部）

1　ねらい

　学期末、「どのような○学期でしたか？」と問いかけた時、子どもたちからどのような言葉が返ってくるでしょうか。
「漢字テストの点数が上がった」「字を綺麗に書けるようになった」といった、子どもらしく素直な、喜びにあふれた言葉が返ってくるでしょう。学期当初に立てためあてについて答える子もいるでしょうし、先生や家族からほめられたことを思い出しながら答える子もいるかもしれません。こうして「数か月前の自分」と「今の自分」を比較させ、成長を確かに感じさせる指導は、既に多くの教室で行われていることではないでしょうか。節目となる学期末に、今の自分をポジティブにふり返り、新学期へのモチベーションを高めたり、次の成長のステップへと進むきっかけをつくったりする指導は、当たり前に大切にし続けていきたいものです。

　ここで提案する「成長を祝う会」の授業は、個人の成長だけでなく、集団としての成長に目を向けさせます。コミュニケーション科で育成をめざす４つの力の内、「相手を理解し好きになって一緒に成長できる力」が、この授業のねらいです。
「こうして頑張れている自分たちって最高！」「こういうことができるようになった自分たちだったら、もっと成長できそう！」そんな明るい未来を想像させるのです。また、１つの節目として象徴的に、「成長を祝う会」の授業を実施することで、「成長することはよいこと」「成長するために学校に来ている」というクラスの雰囲気を確かにしたり、自分たちにとっての「当たり前」がどこにあるのかを確かめ合ったりする機会とします。

2　主な展開

実施時期を、学期末と想定した授業です。開式にあたっての事前準備を経て、本時を迎えるようにします。

(1) 主なねらい

学期を通して頑張ってきたことを認め合い、これから先もよりよく成長していこうとする決意をもつことができるようにする。

(2) 1時間の主な展開

①1学期間の学級や個人の成長を想起させた上で、1学期間の頑張りを認め合うという本時のねらいを確かめる。
②子どもが進行を担い、「成長を祝う会」を実施する。
③白い黒板の前で、集合写真を撮る。
④成長ノートにふり返りを書き、交流する。

【成長を祝う会プログラム】

①始めの言葉…担当者が開会のスピーチをする。

(例)「これから、5年1組1学期、成長を祝う会を始めます。今日は、1学期の頑張りを2学期につなげるための会です。それぞれの会社による企画、白い黒板、個人のふり返りの3つを企画しています。楽しく、1学期を締めくくりましょう！」

②ゲームや遊び…子どもが企画・進行を担い、全員が楽しめるゲームや遊びを行う。

③白い黒板…テーマに沿って全員で白い黒板(※)を作成する。

(例)「5年1組の1学期でクラス（自分）が変われたこと」

※「言葉への興味・関心❷白い黒板」に詳細が記述されている。

④先生からの話…1学期間の学級としての成長を認め、励ます。

⑤成長ノートを書く…自分の成長と、次学期への決意を書く。

⑥決意発表…次学期への決意を自由起立で発表する。

⑦終わりの言葉…担当者が、閉会のスピーチをする。

3　展開例

(1)　１学期間の学級や個人の成長を想起させた上で、１学期間の頑張りを認め合うという本時のねらいを確かめる。

　成長年表を指さしながら、話します。
『この○学期もいろいろな経験ができましたね。特にあなたにとって大きな経験って、どれでしたか？』
「はい！」「はい、はい！」挙手が次第に増えていきます。挙手が増えてきたことを確かめるように少し間を取って、あえてそれを遮ります。
『みんなが今考えているのは別々かな、それともそろっているのかな？』
「ばらばらだと思う！」「いや、半分ぐらいはあれでしょう！」
だんだんと教室の中に勢いが出てきます。
『せーの、でみんなで言ってみましょう。どうかな別々かな、一緒かな？いきますよ、せーの！』
　このように、友達が何を考えているのか、自分以外の友達の考えを想像させながら、テンポよく、全体を巻き込んでいきます。
「一緒の人がいた！」「バラバラに聞こえた！」
『隣の人に、あなたは何を選んだのって聞いてみましょう。そして、○学期どんなことがあったかを、２分間雑談しましょう』
　ペアでの活動に慣れてきた子どもたちは、こうした「雑談」を楽しめるようになってきます。聞いてくれる人がいると、話したくなるのは、大人も子どもも一緒です。
『○○さんと□□さんのところは、思わずそうそう！なんていう声を出しながら、話していたね。どんなことを想い出していたのかな？』
　短時間で、学期の出来事をふり返ることで、学期の締めくくりとなる「成長を祝う会」に向けた気持ちを盛り上げます。

コミュニケーション指導のポイント　**集団の成長に目を向けさせることが大切です。「友達はどのように考えているかな？」とクラスや友達の考えを想像させる問いかけを取り入れていきましょう。**

（2）子どもが進行を担い、「成長を祝う会」を実施する。

【成長を祝う会プログラム】

①始めの言葉

「これから、５年１組○学期、成長を祝う会を始めます。○学期の頑張りを□学期につなげるための会です。ゲーム、白い黒板、個人のふり返りの３つを企画しています。楽しく、１学期を締めくくりましょう」

②ゲームや遊び

（例１）事前に学級会で話し合い、みんなで決定する。

（例２）会社ごとに分担して出し物やゲームなどを企画する。

※会社で企画する場合には、学級活動との合科とし、２時間扱いで実施することも考えられる。

（例」３）授業で取り組んできたことの成果として「○○大会」「○○選手権」などと題し、競い合う形式で行う。

※国語科や社会科などとの合科とし、２時間扱いで実施することも考えられる。

コミュニケーション指導のポイント 子ども主体で進める活動では、教師が一番の聞き役、応援者として参加しましょう。

③白い黒板

「とても盛り上がりましたね。続いて、○学期のことをふり返りながら、白い黒板をつくります。みんなで、思い出に残る黒板をつくりましょう。時間は10分間です」

（例）「５年１組が○学期に成長できたことは何か」

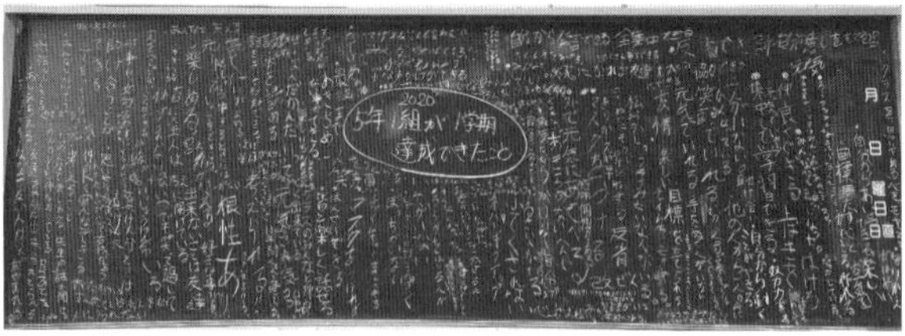

④先生からの話※担任としての思いを簡潔に伝えます。以下は例です。

「次に、先生から、私たちの○学期について、思い切りほめてもらいましょう。私は、自分が先生の話の中に出てくるのかなと、楽しみに期待しています。では、先生、お願いします！」
『紹介をいただきました、担任の丹野です。この写真を見てください。今、みんなが○○をしているときの様子です。ここがいい！そんなところが・・・、もう見つかっていますね？』
　挙手している様子を確かめるようにして、話を進めます。
『こうして、無邪気に楽しめる。このクラスが○学期、さらに好きになりました。特に、一人ひとり違っていいという心の成長を感じています。誰かと同じじゃなくちゃ、同じなら安心と「群れる」ことをしなくなりましたね。今日の、５－１創作漢字トーナメントでも、テーマに合う漢字をパッと考え、対決を楽しんでいました。改めて成長を感じた今日。次の□学期がますます楽しみになりました。以上です』

⑤成長ノート

「成長ノートを出してください。この○学期での自分の成長と□学期への決意というテーマで書きます。時間は５分間です」

⑥決意発表

「次学期への決意を自由起立で発表します。では、始めます」

コミュニケーション指導のポイント　友達と同じことを言ってもいいという前提で、自分の言葉で語ることを大切にします。「理由」を問い返し、一人ひとりがそう考えた背景が語られるようにしましょう。

⑦終わりの言葉

「これで、５年１組○学期、成長を祝う会を終わります。いい○学期の締めくくりとなりました。次の□学期もみんなで頑張りましょう」

（3）白い黒板の前で集合写真を撮る。

（4）成長ノートにふり返りを書き、交流する。

4　発展と応用

（1）授業後の活用

①白い黒板を文字に起こして配布する。

白い黒板に書かれた言葉を文字に起こし、配布します。一人ひとりの考えが整理されて、子どもたちが成長を確かめ合いやすくなります。

②学期ごとに授業を行う。

年間３回、学期の締めくくりにこの授業を行うことをおすすめします。１つの節目として象徴的に、「成長を祝う会」の授業を実施することで、「成長することはよいこと」「成長するために学校に来ている」というクラスの雰囲気を確かにすることができます。

（2）他学年で実施するときの差異

先の指導例は、中学年以上を想定しています。基本的には、低学年でも遊びの決め方やその内容を工夫することで同様に展開できますが、実態に応じて、以下のような方法も取り入れてください。

①進行を先生がフォローする。

あくまで、子ども自身が成長を実感できるように進めます。会の運営の中心に先生がいるのは避けたいものですが、必要に応じてフォローをします。ゲームや遊びの進行は任せて、白い黒板や成長ノートの取り組みは、先生が説明するというのもよいでしょう。

②カリキュラムマネジメントを行い、合科での実施を積極的に検討する。

この「成長を祝う会」で達成をめざすのは、友達同士で「成長を認め合う、実感し合う、確かめ合う」ことです。したがって、その内容は子どもたちの創意工夫の中で、自由に決めてよいのですが、教科での学習が生かされる活動を取り入れていくのもよいでしょう。子どもたちに身についた力は、コミュニケーション科に限らず、各教科での学びの積み重ねでこそ育まれるものということを、教師も子どもも意識しておくことが大切です。

第１章
コミュニケーション科の授業（1）人との関わり

❹成長の確認

今週をふり返って、来週の成長に生かそう

米山　潤（菊池道場東京支部）

1　ねらい

子どもたちは、成長ノートにふり返りを書くことで、自分と向き合ったり、成長を確認したりしながら、新しい自分を発見していきます。それと同時に、子どもたちは、己の感情や行動を統制する能力、自らの思考の過程等を客観的に捉える力（いわゆるメタ認知）など、自己調整に関わるスキルも成長させていきます。未来を信じ、「より自分らしく生きていこう」と変わっていく、子どもたちの「心の芯」を確実につくっていくのです。

自分一人の成長、そして学級や学校全体の成長と、様々な視点から具体的にふり返ることで、「日常生活をよりよいものにしていこう」、「マイナスをプラスに変えていこう」と思考する習慣もついていきます。また、書いたものを友達と読み合うことで、自分の考えを広げたり深めたり、子ども同士のつながりを深めたりすることにもつながっていきます。さらに、教師がそれに励ましのコメントを入れるのを繰り返すことで、成長を自覚させ、教師と子どもの関係を強いものにもしていきます。

菊池氏は、「書くことは、自己を見つめることです。そうすると相手との関係も考えることができます」、そして、「子どもたちのふり返りは、教師自身の実践のふり返りです。教師の考察に、子どもたちの声を加えることで、ふり返りは立体的なものになり、より豊かに自分の実践を束ねることができるはずです」と述べています。目の前の子どもたちの姿から、教師自身が学び続けねばなりません。

このように、子どもたちにとっても、教師にとっても、「向上的変容の循環」を期待できるのが、この「成長の確認」です。

2　主な展開

（1）主なねらい

ふり返りを習慣化することのよさを知り、よりよい生活を築いていこうとする態度や、自己理解や他者理解を深めていこうとする態度を養う。

（2）１時間の主な展開例

①感想とふり返りの違い、そしてその意義を知る。

②ふり返りのモデルを示し、ポイントを知る。

○「３つあります（ナンバリング、ラベリングの手法）」のような書き方を知る。

○「引用」を知る。

③質問タイム形式で、１週間の出来事を想起する。

○成長年表や価値語モデル、成長ノートなどでふり返る。

○ペアで意見を交流し合う。

④成長ノートにふり返りを書く。

※成長年表とは、短冊に日付、「非日常」である行事名、行事でめざすことの心構えや姿を現す言葉などを書いて貼り出すものです。学級の１年間の成長の足跡を示すものでもあります。

※価値語モデルとは、価値ある行為を写真に撮り、価値語とともに掲示するものです。

ともすると、ふり返りは「感想」になり、「活動あって学びなし」の状態になりがちです。その意義を知った上で、週に１度、自分自身のことや学級（段階的に学校へと）のことをふり返ることのできる時間を設定します。

初期の段階では、モデル（型）を示すことで、その方法と価値を子どもたちは理解していきます。既知のものになるからこそ、その技術を活用していけるのです。

このような経験を繰り返し、習慣化させていくことで、「自分の生活をよりよいものにしていこうとする態度」を育てていけるようにしましょう。

3　展開例

（1）感想とふり返りの違い、そしてその意義を知る

黒板に「感想」、「ふり返り」と書きます。

『「感想」と「ふり返り」。この２つの違いが言える人はいますか』

感想については、いくつか出てきます。しかし、ふり返りについては、教師が意図しているような答えが出てきにくいです。そこで、色チョークで板書しながら（以下、破線の部分）、説明をしていきます。

『「感想」とは、心に感じたことや思ったことのことを言います』

黒板に「過去→○→未来」と付け足します。

『ふり返りとは、過去の出来事から、「どうしたらよかったのか」、「次からはどうしていきたいのか」などを自分自身に問うて考えること。それを続けていくこと。自分自身で未来をよりよいものにしていこうと考えること、つまり自分を成長させていくことです』

子どもたちの表情がキリッと引き締まっていきます。

『過去は変えられませんよね。しかし、未来は変えられます。変えるのなら…』

○の中に入る言葉を近くの友達と考えさせます。子どもたちは、「今でしょ」、「現在かな？」と相談し合い、つぶやいています。

『そうです。「今」からですよね』

『よりよい未来にしていくために、「成長の確認」という取り組みをしていきます。過去（１週間）をふり返って、未来（次の週）に向けた目標を考え、ふり返りを書くのです。プラス思考で自分の未来を変えていくのです』

意義を知れば、意識が変わり、今後の取り組み方（未来）も変わっていきます。

コミュニケーション指導のポイント　子どもたちのやる気を引き出し、「未来は変えていける」といった期待感をもたせられるよう、教師の思いを語りましょう。

(2) ふり返りのモデルを示し、ポイントを知る

『「三つあります作文」だと、ふり返りを書きやすくなります』と説明し、基本的な型を示します。※本時では説明が多くなるので、下のような書き込み式のワークシートを用意しておくことをおすすめします）

> 「三つあります作文」の基本的な型
> 今週をふり返って、考えたことを三つ書きます。
> 一つめは《ナンバリング》、・・・《ラベリング》です。（ちょっとくわしく説明）・・・。
> 二つめは、・・・です。（ちょっとくわしく説明）・・・。
> 三つめは、・・・です。（ちょっとくわしく説明）・・・。
> このように、今週をふり返って考えたことが三つあります。だから・・・。

『「一つめは」や「二つめは」の部分のことを「ナンバリング」と言います。また、「・・・です」の部分を「ラベリング」と言います。この二つを組み合わせながら、成長の確認をしていきましょう』

「・・・《ラベリング》の部分には何を書けばいいのですか」

『そこには、出来事名を書きます。例えば、「算数の授業で学んだこと」や、「友達とのこと」のような小さなタイトルです。あわせて、（ちょっと詳しく説明）・・・の部分には、「引用」という技を使います。ここに「自分らしさ」が現れます』

子どもたちは、「？」といった表情をしています。

『「（ちょっとくわしく説明）・・・の部分に、自分の頑張ったこと、もう少しだったと思うことなどだけではなく、友達が言ったことやしたこと、頑張っていたことなども入れます。それを引用と言うのです。そこに「自分らしさ」が表れるのです』

コミュニケーション指導のポイント 書き方の説明が多くなってしまうので、友達同士で内容を確認し合う場面を多めに設定するなど、「学び合う空気」をつくることを心がけていきましょう。

(3) 1週間の出来事を想起する

『1週間の出来事をふり返るために、成長年表や価値語モデル、成長ノートでふり返りましょう』

子どもたちは、教室に掲示してある成長年表や価値語モデルを見に行ったり、成長ノートをめくりながら確認したりしています。

『近くの友達とペアになって、質問タイム形式で1週間の出来事をふり返りましょう。友達の考えを引き出せるよう、できるだけ具体的に掘り下げて聞きましょうね』

「よろしくお願いします！」「よろしくお願いします！」「どんな出来事がありましたか」「体育の跳び箱で初めて開脚跳びができました」「うんうん。どうしてできるようになったのですか」「○○さんが練習を手伝ってくれたので…」「○○さんは、どんなことを手伝ってくれたのですか」（中略）「ありがとうございました！」「ありがとうございました！」

子どもたちは握手をし合っています。

『お互いに寄り添い合って、話したり聞いたりしていましたね。みなさんがつくる温かい空気で、教室の温度がグングン上がっていっているみたいですね』

質問を通して挙がってきた事実の確認で終わるのではなく、質問された側の子どもの、「理解してもらった」という気持ちを、そして互いの「質問を掘り下げていくのは楽しい」といったことを、ここで一度価値付け、話し手と聞き手を交代します。子どもたちは温かい雰囲気の中での質問タイムの回数を重ねていくことで、取り組み方を理解し、活動を自主的に進めていけるようになっていきます。

このように、子どもたちは協力して質問をし合い、人と関わることの心地よさを体感しながら、1週間の出来事をふり返ります。

コミュニケーション指導のポイント
普段から、「質問は楽しい」と思える体験を繰り返すことで、質問力が身についていきます。人と関わるよさや楽しさを十分に感じ取れるよう、価値付けることが大切です。

(4) 成長ノートにふり返りを書く

『見たり質問し合ったりしたことを基にして、実際に「成長の確認」をしてみましょう』

子どもたちは成長ノートに向かって書き始めます。

『鉛筆から煙が出るようなスピードで書いていますね』『じっくり考えて書こうとしているのですね。まずは一つ書くことからチャレンジしてみましょうね』

机間指導しながら一人ひとりに合わせた言葉かけをしたり、見守ったりします。全体に広めたい考え方や書き方をしている子どものふり返りを取り上げ、全体に紹介します（可能であれば、ＩＣＴ機器を活用し、大型テレビ等に投影できるのが望ましいです)。

モデルになるものを即時、全体に可視化することで、今後の活動への意欲や見通しをもたせるとともに、主に書くことに関して支援が必要な子どもへの手立て（配慮）も行います。

コミュニケーション指導のポイント
よいモデルを真似して自分の表現や生活に生かすのは必要なことです。よいモデルがあることは、具体的な目標があることになるので、成長は確かで早いものとなります。

4 発展と応用

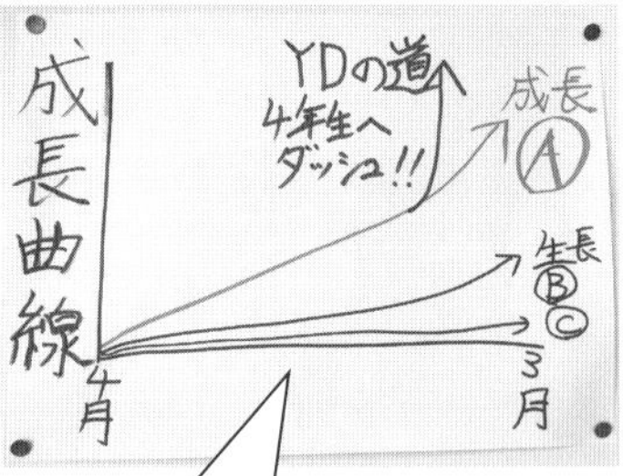

子どもたちと相談し合いながら、変容させていった成長曲線。

どの学年でも成長曲線を活用し、年間の見通しをもたせます。主に、「１学期は『個＋小集団（主に自分のことや班などのグループ)』から始まり、２学期は『集団（学級全体)』へ広げさせ、そして３学期は再び『個』に返していく（次学年に向かうための個)」といった段階を踏めるよう、取り組ませていきます。また、書くことに慣れてきたら、授業の中で帯的に取り組んだり、モジュールの時間で取り組んだりしていくとよいでしょう。

○低学年や、初めて実施する際には、型を身につけること、質より量を特に意識させること、プラス面に多く目を向けさせることで意欲を高めていきます。また、モデルとなるものを印刷し、成長ノートに貼らせておくとよいでしょう。

○高学年では、学校全体のことも取り上げて書かせます。学級から学校全体のことへと視野が広がってくる時期ですので、週の初めに意図的にキーワードとして挙げておくとよいでしょう。

○授業後の活用

ノートを集め、子どもの成長を願って教師からのコメントを書きます。教師の赤ペンは「ほめる」ために入れます。場合によっては、教師からのコメントが口頭でのフィードバックや、簡単なコメントのみになることも伝えておきます。また、「子どもたちのふり返りは、教師自身の実践のふり返り」でもあることを意識して読み、日々の実践に生かしていけるようにしましょう。

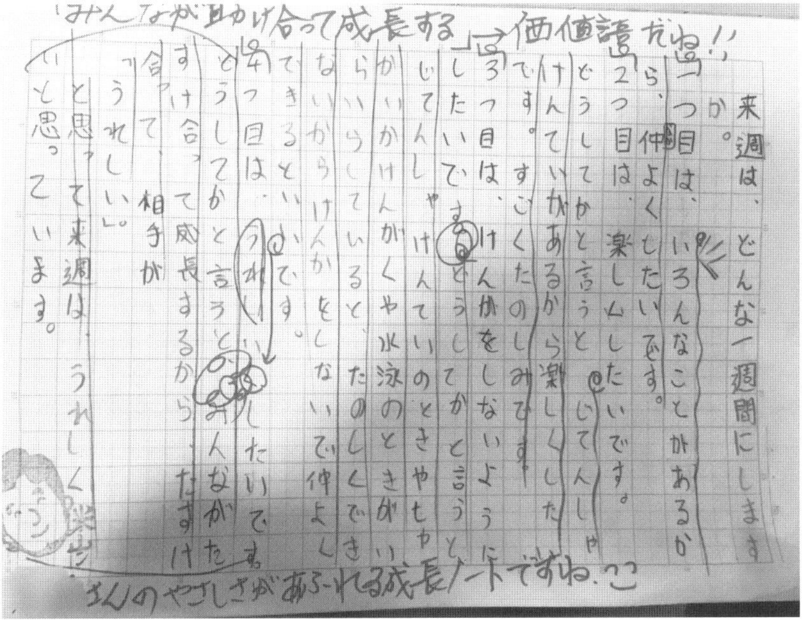

第１章
コミュニケーション科の授業（1）人との関わり

❺日常のコミュニケーション

「席替え」で、新しい出会いを楽しめる学級へ

遠藤　正和（菊池道場東京支部）

1　ねらい

コミュニケーションは、日常生活のいたるところで起こります。友達とあいさつをする時、列に並ぶ時、何か活動しようとする際には、自然発生的に関わり合いが生まれてきます。普段何気なく行っていることでも、そこに意味を見出し、互いの人間関係を深めることにつなげていくためには「温かな関わり合い」が大切なのではないでしょうか。そのような「日常のコミュニケーション」こそ、人間関係を深めていくために大切な積み重ねになります。

ここでは「席替え」を取り上げます。席替えは、多くの子どもたちが楽しみにする活動です。『席替えをするよ』という言葉かけ１つで、子どもたちは大いに盛り上がります。子どもたちにとってはとても関心の強い活動であると言えます。

子どもたちは、隣が誰になるのか、席はどこになるのかをとても気にします。男子なのか、女子なのか。仲良しなのか、そうでない人なのか。当然「好きな席にしたい！」という意見も出てくるでしょう。人間関係を鑑みて、という意味で教師が主導で席を決めている教室もあるかもしれません。しかし、それを続けていては「誰とでも関われる、温かい人間関係」は築けません。だからこそ、子どもたちの「楽しみ」をプラスの方向に向けていくことができる席替えから考えていくことで、対話を通した日常のコミュニケーションを磨いていくことにつながるのです。

小学校での座席のほとんどは、男女混合のペアです。したがって、この関係性が人間関係のスタートとして重要です。席替えを通して「いつでも、どこでも、誰とでも」関わり合える土台を築いていくことは、授

業中の対話の場面、係活動や行事への参加の仕方など、日常生活に必要なコミュニケーション全てに関わってくるでしょう。コミュニケーション科では「温かい人間関係をつくる力」を伸ばしていくことを大切にしていますが、一朝一夕、1時間で身につくものではありません。日常の中で、日々の関わりの中で少しずつ醸成されていくものだと言えます。

2　主な展開

今回は、学級内の人間関係に応じていくつかのステップに分けて考えています。考えられるステップとしては、大きく分けて3つあります。

ステップ1：教師主導の席決め、席替え
ステップ2：偶発的な要素を生かした席替え
ステップ3：時と場合に応じた、形態の変化も含めた席替え

4月はステップ1から、少しずつ人間関係ができ始めてから様子を見てステップを上げていきます。授業中や休み時間など、子どもたちの言動や行動を注意深く見取ることが大切です。

(1) 主なねらい（※今回はステップ2を想定しています）

①偶発的な席替えを通して、新しいつながりを楽しむ。

②「何のために席を替えるのか」を意識し、学びに向かう気持ちを高める。

③男女関係なく関われるように、固定した人間関係からの脱却を図る。

(2) 1時間の主な展開例

(1)「席替えをします」と伝え、何のために席替えをするかを考える

①席替えをする意味について考える。（個人→グループ）

②考えを全体で出し合い、席替えの意味について確認する。

③どのような席替えにすべきか、「学ぶ」という観点から確認する。

(2) 席替えをする

◆席替えでの決まりごとを確認する。

①あみだくじを用いて、行う。（男女別）

②教師が番号を発表し、席を入れ替える。お別れの挨拶をする。

(3) 出会いのコミュニケーションゲームを行う

①新しいメンバーと、コミュニケーションゲームに取り組む。

②班の決まりごとを確認する。

(4) 成長ノートに感想を書く

○席替えの感想と、この席（班）で頑張りたいことを書かせ次への布石とする。

3　展開例

(1)「席替えをします」と伝え、何のために席替えをするかを考える

『席替えをします』「やったー！」「どうやってしますか？」「自由席がいい！」

子どもたちから思い思いの発言が返ってきます。教師はそこで迎合はしませんが、否定もしません。にこにこしながら次のように問います。

『席替えは、何のためにするのでしょう。隣の人と相談しましょう』

「いろいろな人と仲良くなるため」「気分転換？」「普段話さない人とも話せるようになるため」「日常を楽しむ」「誰とでも協力できるようにするため」

『ありがとう。どの意見も大切な考えですね。そのようなことを大切にしていくために、席替えを行うんですよね。では「好きな人と隣になりたい」というのはどうでしょうか。好きな人同士でばかり固まることは、同じ人とばかり一緒にいることになる。そうすると、学級みんなで協力しようとする時に、やりにくくなってしまいますね』

コミュニケーション指導のポイント　ここでは努めて明るい空気で児童と関わります。明らかに違う意見でも無下に否定せず、受け止めた上で『どう思う？』と返すことで、子どもたちは真剣に考えます。その上で、しっかりと意図を語りましょう。

『改めて、席替えをするのは何のためか。１つは、席は学ぶためにあります。黒板が見えにくい人は前に来ますよね。それも、学びやすくするためです。もう１つは、誰とでも一緒に学べるようになること。生きていれば、好きな人とばかり一緒に何かするとは限りません。だからこそ、学校生活の中で「いつでも、どこでも、誰とでも」学べるようにしておくということが、よい関係を築いていくために大切ですね』

子どもたち自身の言葉とともに確認することで、その後の活動に対する納得度が変わってきます。学ぶための「席替え」であること、そこでは同時にコミュニケーションの中で人間関係を学ぶということも、確認させていきます。

(2)　席替えをする

『席替えをする上で、みんなに心がけてほしい、守ってほしいことがあります。どんなことでしょう』

「人の悪口を言わない」「え～とかいやだ～とか言わない。傷つくから」

『そうですね。せっかく決まった席なのに、そのようにいやなことを言われたら誰だって傷つきますよね。守ってほしいことは、①マイナス言葉（文句）を使わないこと　②「よし、やろう！」と協力して頑張ること　の２つです。それが難しければ、いかなる場合でも席を戻します。そして、以後は先生が席を決めます。守れる人？』

ここでは、全員に挙手を求めます。児童が納得していれば概ね手が挙がります。もしそうでない場合は、理由を聞き、どうしていくべきかを考えることも必要でしょう。

その後、偶発的要素が高いものを用いて、席替えを行います。ここでは準備も簡単なあみだくじで行います。班ごとに順番を決め、くじを書き込ませていきます。（予め視力への配慮は忘れずに行いましょう）その後、番号を読み上げます。

『自分の番号が分からない人はいますか？大丈夫ですね。では、最後に班の仲間にお別れのあいさつをしましょう。「あなたのおかげで日々が楽しかったです。どうもありがとう！またどこかで！（握手やハイタッチなど）」では、移動しましょう！』

コミュニケーション指導のポイント 「出会い」と「別れ」を大切にさせるためにも、最後にあいさつをして明るくお別れしましょう。その際に、教師のあとにあいさつを復唱させたり、ハイタッチや握手などを行ったりして、笑顔で次につなげていきます。

(3) 出会いのコミュニケーションゲームを行う

『新しい班、隣同士になりました。まず初めにやることは？』「あいさつ！」『そうですね、挨拶ですね！でも、「よろしくお願いします」だけでは、ちょっとさみしいですよね。もし大人同士だったら、こんな時「お住まいはどちらですか」「何かご趣味はありますか」など、互いに質問をし合うことから始めます。では、新しい隣の人と、質問ゲームでいろいろな会話を楽しみましょう』

黒板に「連続質問」と書き、こう話しました。

『今からお隣さんに聞いてみたいことを、できるだけたくさんノートに書きましょう。好きなことや行きたいところ、ゲームのことなど、何でも OK です。聞きたいことをたくさんメモしておきましょう。お互いを知ることが、楽しくやっていく第一歩ですね』

子どもたちは真剣に書き始めました。シーンと教室が静まり返ります。『鉛筆の音だけがする。集中していますね』と、よさを全体へ伝えます。

質問を始めるとどの席も大盛り上がり、みんなが笑顔になっていきます。この活動をすることで、コミュニケーションを取りながらお互いを楽しく知ることができます。隣同士が終わったら前後の人、斜めの人という具合に新しい班の仲間それぞれと行っていくと、１０分ほどでたくさんのコミュニケーションを取ることができます。

コミュニケーション指導のポイント 新しい席になり、緊張している子もいます。同じ教室で過ごしていても、お互いのことを知っているようで実はあまり知りません。それをふまえて教師は明るく、よさを価値付けながらファシリテートしていきます。

(4) 成長ノートに感想と、これから頑張りたいことを書く

『席替えが終わりました。明るく笑顔でたくさんの質問が飛び交っていましたね。新しい隣の人、そして班の仲間と楽しい学びの時間をつくっていきたいですね。では、今日の席替えの感想と、この席で頑張りたいことをノートに書きましょう』

「今まであまり考えなかったけれど、仲良くなるために必要なことだと感じた」「楽しかった」「隣の人と仲良くやっていきたい」「班のみんなと笑顔で頑張りたい」

　時間があれば、隣同士や書けた人から席を立って交流を行います。前向きな感想を全体の前で取り上げ、次の活動につなげていきます。

≪その他、考えられる日常のコミュニケーション例≫

「席替え」と同様に、様々な場面でその意義について理解し「いつでも、どこでも、誰とでも」活動ができるようにしていくことが、「公社会に必要なコミュニケーション力」につながります。学級、学校での様々な部分と関連してくるでしょう。応用･転用を意識して日常のコミュニケーションを活性化させましょう。

①あいさつ…朝のあいさつ、スポーツの試合前のあいさつ、グループができた時、自由な立ち歩きの時など、その場その場でたくさんのコミュニケーションが起こります。ここでも同様に、「何のために行うのか」について考え、時と場合にあったあいさつを指導していく必要があります。

②掃除や当番の活動…それぞれの小グループの中で、必要に応じた対話が大切になります。何の道具を使うのか、今日どこまでを掃除するのかなど、メンバーや場所を意識した活動につなげさせます。

③行事への参加…どの行事においても、「ただ参加させる」のではなく、その行事の意義をふまえ、自分事にさせることが成長につながります。仲間とのコミュニケーション量を増やし、群れないで楽しめる姿勢を育んでいきましょう。

4　発展と応用

(1) 席替えの年間のステップとそのポイント

ステップ１：年度初めのお互いに人間関係が築けていない時期には、出席番号順などから始め、顔と名前を覚えていくことからスタートします。関係性が生まれ始めたら、前年度からの人間関係を鑑みて、席を入れ替えていきます。その際、目配せやいやな言葉が飛び交わないように、予め行う前に確認をした上で席替えを行っていくとよいでしょう。

ステップ２：人間関係ができ、子どもたちの安心が感じられるようになってきたら、「いつでも、どこでも、誰とでも」を合言葉に、席替えのねらいを確認しつつ、出会いを楽しめる雰囲気づくりをします。偶発的な出会いを生み出すものとして、くじ引き（あみだくじ、割り箸くじなど）、お見合い席（男女別々に席を決め、決定後に出会う）などが考えられます。できるだけ公平に、あとで不満が出ないように事前に布石を打っておくことが肝心です。

ステップ３：座席は「学ぶため」のものです。誰とでも学べる関係性ができてきたら、教科や対話の種類に合わせ、柔軟に座席や人数の形態も変化させます。「物語文の内容について話し合いたいからこの形で」「教え合いたいからこの形で」と、確認していきながら変化させます。「コの字型」「アイランド型（小島のようにいくつも集まる）」「壁側を向く」等、真剣な学びの中では許容されます。新たなコミュニケーションとともに主体的・対話的で深い学びにつながっていくでしょう。

(2) 低学年ではしっかりと説明を、中学年では関係性への配慮を

低学年では、本人たちと同様に保護者の方々も「元気に学校に行けるか、友達と仲良くできているか」を心配される部分も多いでしょう。まず教師主導で席を決め、学級便り等で様子を伝えつつステップを変えていきます。中学年では、人間関係に配慮しつつステップを移行させていきます。低学年からの関係性を引きずっている児童もいますので、それらをふまえて前向きに変えていけるように、プラスの言葉かけをします。

第 2 章

コミュニケーション科の授業（2）

言葉への興味・関心

総論

❶価値語

❷語彙力・言葉集め

❸言葉遊び

❹白い黒板

❺4 つのアンケート

第2章
コミュニケーション科の授業（2）

言葉への興味・関心（総論）

丹野　裕基（菊池道場東京支部）

1　本章で捉える「言葉への興味・関心」とは

本章で捉える「言葉への興味関心」とは、「社会的語彙力」を身につけることです。「社会的語彙力」とは、日本語の豊かな表現を数多く知ることだけではありません。言葉を豊かに使うことでよりよく他者とつながろうとしたり、「男女差別をしない」「一人ひとり違っていい」といった言葉で、自分や集団の考え方や行動をプラスに導こうとしたりする意欲や実践力を含みます。

言葉は表現してこそ身につくものです。「言葉を身につける」というと、辞書引きをしたり、名言を調べたりして、知っている言葉をいかに増やすかと考えがちですが、コミュニケーション科の授業では、自分の思いや経験を表現する手段として「言葉を豊かに使う活動」を大切にします。さらに、「言葉は実体験を求める」と言われるように、言葉の表す意味と子どもの経験をつなげ、「へえ、こういうことなのか」という実感を伴った言葉理解ができる場をつくっていきます。

言葉は、自分の思いや意見を相手に伝える意思疎通のための道具です。そうした言葉に興味・関心を向けることは、前章の「人との関わり」同様に、コミュニケーション科が育成をめざす4つの力の土台と言えます。

本章では、「価値語」「語彙力・言葉集め」「言葉遊び」「白い黒板」「4つのアンケート」の授業を提案します。この5つの授業は、「きっかけ」をつくるためのものです。一朝一夕に多くの「社会的語彙力」を身につけ、豊かな言葉の使い手となることはできません。授業を通して「言葉」に興味・関心を向け、そのきっかけを生かして、繰り返し子どもたちと一緒に言葉を身につけるための取り組みを継続していくことが肝要です。

2　本章で紹介する「言葉への興味・関心」を育成するための実践

①価値語

「価値語」とは、子どもたちの考え方や行動をプラスに導く言葉のことです。「言葉を育てると心が育つ。心を育てたら人も育つ」という言葉があります。子どもたちの成長に必要な価値ある言葉を、シャワーのように示していくことで、成長の土台を育てていきましょう。

②語彙力・言葉集め

友達と温かい関わりをするために、自分の気持ちや意見を相手に「言葉」で表現する力を育てることが大切です。友達と力を合わせ、夢中になって言葉を集めたり、使ってみたりすることで、一人ひとりが豊かな言葉を獲得し、自分らしさを発揮しながら表現する力を育てていきましょう。

③言葉遊び

学級には、言葉を多く知っている人、そうではない人、様々な学力の子どもたちがいます。言葉で遊ぶ活動で、子どもたちは友達と関わり合う楽しさを感じ、夢中になりながら言葉で表現していきます。温かい関係性を築きながら、子どもたちの「学びに向かう人間性」を育てていきましょう。

④白い黒板

白い黒板とは、「黒板を介した、主体的でダイナミックなコミュニケーション」のことです。1つのテーマについて考え、その考えを黒板一面にびっしりと書き出していきます。象徴的に黒板に書き出し、それを眺めることを通して、学びに向かう主体性を育んでいきます。

⑤4つのアンケート

「教室にあふれさせたい言葉」「教室からなくしたい言葉」、「1年後に言われたい言葉」「1年後に言われたくない言葉」の4つを考える活動です。友達と毎日使っている言葉が、その関係性を表し、教室の雰囲気を表します。だからこそ、言葉を整え、子ども同士の温かい関係性や、よりよく成長していこうとする心を育んでいきましょう。

第２章

コミュニケーション科の授業（2）言葉への興味・関心

❶価値語

始業式の日、成長をめざす決意をもたせよう！

丹野　裕基（菊池道場東京支部）

1　ねらい

新年度が始まったばかりの頃、子どもたちの「大人しい」「勝手なおしゃべりがある」などの様子を切り取って、「今年はいいクラス」「今年のクラスはだめ」、そんな声が、職員室で聞こえてくることがあります。子どもたちのネガティブに見える部分を指摘したり、教師として、しっかりと指導しているから、それに応えられないのは子どもの責任だといったように子どもの資質を原因にしたりする、そんな空気は好ましいものではないですね。対処療法的な指導ではなく、特に年度当初は、子どもを「育てる」視点を強くもち、まずは教師がリーダーシップを取る形で「言葉」を柱にした指導を始めましょう。

「価値語」とは、子どもたちの考え方や行動をプラスに導く言葉のことです。「言葉を育てると心が育つ。心を育てたら人も育つ」という言葉があります。豊かな言葉を「教える」「育てる」過程を通して、成長の土台を築いていきましょう。価値語でねらうことは、次の５つです。

①よいものはよい、頑張ることや成長することはよいことだという学級風土の土台を築く
②何が正しいのか、どうすることがいいことなのかという共通の理解を育む
③友達のよさに目を向け合い、友達を理解しつながりを確かにもてる力を育む
④「一人ひとり違っていい」ことを理解し、自分らしさを発揮できる心を育む
⑤言動や非言語に表れる価値あることを言語化して表現できる力を育む

2　主な展開

「進むべき道」の授業は、年度当初を想定して記述しましたが、学期の始めなど、節目としたい時期を選んで実施してください。

(1) 主なねらい

自分の考え方や行動をプラスに導く言葉を知り、自分自身をよりよく成長させようとする心情を育む。

(2) 1時間の主な展開

【「進むべき道（Aの道）」の授業】

①昨年度までのクラス、自分のことを思い浮かべる。

②昨年度までのことを「リセット」して、新年度をスタートすることを確かめる。

③2本の線（上向きの線、下向きの線）を板書し、この1年間どちらの道に進みたいかを考える。

④成長ノートに、「どのような1年間にしていきたいか」というテーマで自分の考えを書く。（5分程度）

⑤考えたことを交流する。（ペア・少人数→全体）

⑥教師の話を聞く。

こうした授業を積み重ねながら、子どもに実感を伴った価値ある言葉を増やしていきます。教室に考え方や行動をプラスに導く言葉を大切にし合う心情が育ってきたら、それらを総称する形で「価値語」という言葉で束ねます。その後も、年間を通じて子どもたちの言動に「○」をつけ、「価値語」として言語化していきましょう。価値語は、教師が子どもを扱いやすく、コントロールしやすくするための道具ではありません。そこで、価値語には2つのタイプ（①学習規律的な価値語「切り替えスピード」など　②人間力を磨き、内面をプラスに向かわせる価値語「一人が美しい」など）があることを教師自身が意識して指導したり、教室や黒板に掲示し、繰り返し指導を行ったりすることが大切です。

3　展開例（「進むべき道（A の道）」）

(1) 昨年度までのクラス、自分のことを思い浮かべる

「○時間めの授業を始めます。よろしくお願いします」

当番の子どものあいさつで授業が始まります。

『あいさつの後、こうして先生に目線を向けてくれてありがとう。教室によってはね、先生の方を向きなさい！勝手なおしゃべりはしない！なんて注意をしないとこういう姿勢になれないクラスもあるんです』

にこにこして話を聞いている子もいますが、進級した初日。教室にはまだ緊張感があります。全体を見渡しながら、一人の子に近づいていきます。そして、身ぶり手ぶりを入れながら、大げさに注目を促します。

『見て見て、この姿勢、立派でしょう』

この子なら全体の注目を集めても大丈夫そうだという子を選ぶことがポイントです。笑顔で、アイコンタクトを取りながら、

『ピンとした姿勢、この目力。最高だねえ』

子どもたちは笑顔で、A くんの方に注目しています。

『想像以上にいい姿勢で聞いてくれるから、先生は嬉しくなっちゃった。A くん、ありがとう。みんなからも A くんに拍手～』

このようにして、柔らかい教室の空気をつくってから、テンポを少し落とし、丁寧な口調で次のように投げかけます。

『今日は、○年生初めの日。これから 1 年間をよいものにしてほしい。みんなで今年 1 年大切にしていきたい「道」の話をするね。まずは、昨年度までの、クラス、自分のよかったと思えること、よくなかったと思うことを思い浮かべましょう』

コミュニケーション指導のポイント　テンポよく教室の空気を温める時間と、テンポを落とし子ども一人ひとりにじっくり考えさせる時間とを明確に区別した指導を心がけましょう。

（2）昨年度までのことを「リセット」して、新年度をスタートすることを確かめる

昨年のクラスや自分についてのよかったこと、よくなかったことの発言が続きます。その発言を受けながら、

『ああ、うなずいている人がいるね。なるほどなあ、そうだなあ、と思った時に、こうして反応してくれるって先生は嬉しいな。聞いているよ、って言っているのと同じに感じるから』

『そうだなあと思う人、手を挙げてごらん』

といった言葉で、全体に問い返しながら、発言を１対１のやりとりでなく、全体へと広げていきます。発言が落ち着いたところで、テンポを落として、全体を見渡しながら語りかけます。

『昨年１年間の経験を聞かせてくれてありがとう。よいことは、自信にしよう。今年も、あなたらしいよさをさらに伸ばしていこうね』

リセットと板書します。そして、板書した文字を指さしながら話します。

『よくなかったこともあったね。ここでリセットしましょう。いつまでもそれを引きずりません。先生も過去のことで、あなたに何か言いません。これからのあなたと一緒に頑張っていきたい。今から自分のもてる力を発揮して、全力で勉強や様々な活動に取り組みましょう』

コミュニケーション指導のポイント　特に年度当初は、一人ひとりに語りかける意識が大切です。教室全体をゆっくりと見渡す間をつくり、一人ひとりと目を合わせるようにしましょう。

（3）２本の線（上向きの線、横ばいの線）を板書し、この１年間どちらの道に進みたいかを考える

黒板に、斜め上に向かう線と、横ばいの線を板書します。

『この２本の線は、あなたたちがこれから進む道です。線の書き始めは今、４月です。矢印の終わりは、３月です。Ａは、自分を高めて成長させていく道。クラスと自分が成長を続け、ほかの学年の人からも尊敬される○年生になる。Ｂは今のままでいる道です。ほかの学年や先生たちからは、どうせ○年生だからと期待されない。みんなは、どちらの道に進み

たいですか？』

　挙手をさせて、意思決定をさせます。

『Aの道だという人』『Bの道だという人』

> **コミュニケーション指導のポイント**　一人ひとりに、意思表示することを求めます。ズバリと立場を決めさせることで、「自分事として考えること」を当たり前にしていきましょう。

（4）成長ノートに、「どのような1年間にしていきたいか」というテーマで自分の考えを書く（5分程度）

（5）考えたことを交流する（ペア・少人数→全体）

（6）教師の話を聞く

4　発展と応用

（1）授業後の活用

①次ページに示す価値語指導の基本形をもとに、価値語の数を増やす指導を行いましょう。

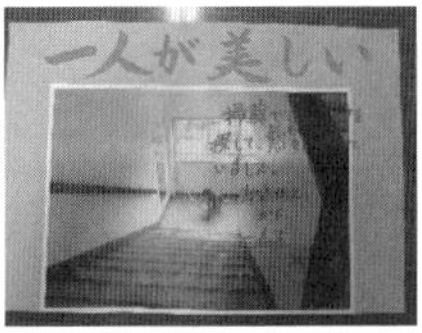

②価値語を写真とセットにして教室内に掲示し、指導に活用します。

③黒板の5分の1程度を活用して価値語を示し、授業場面での指導に生かします。

（2）他学年で実施することの差異

　学年に応じて「価値語」をあえて平易な言葉に直すのではなく、言葉を教える視点を大切にしてください。言葉が表すことを学級全員で共通理解することを大切にし、学年を問わず、丁寧に、繰り返し指導を行いましょう。

5　価値語指導の基本形～価値語を植林する3つの授業パターン例～

「言葉は実体験を求める」と言われます。言葉を子どもに獲得させるためには、言葉が表す意味や価値を実感できる機会が必要なのです。そこで、価値語を指導する際には、以下に示すパターンを参考にしながら、言葉を「与える」ことに終始せず、価値語とセットで具体的な言動を可視化して価値付けたり、価値語が表す意味を子どもと言葉でやりとりしながら考えたりする時間を確保しましょう。

(1) 2つを比較して考えさせるパターン

(例)「群れと集団」「区別と差別」「1.01と0.99の差」「D語とY語」

①2つの言葉を提示し、問い返しながら意味の違いを考える。
②具体的な例をもとに、2つのうちどちらがよいかを考えて交流する。
③成長ノートに感想を書く。
④感想を交流する。
⑤教師の話を聞く。

(2) 言葉とその意味や価値を教えるパターン

(例)「三流、二流、一流と超一流」「正しい叱られ方」「心のバケツ」

①穴あきに入る言葉やその意味を調べたり想像したりして交流する。
②言葉の表す意味や価値を知る。
③この価値語が当てはまる経験を出し合ったり、今後のどのような日常場面に当てはまりそうかを想像し合ったりして交流する。
④成長ノートに感想を書く。
⑤感想を交流する。
⑥教師の話を聞く。

(3) 具体的な子どもの言動を切り取って可視化するパターン

(例)「一人が美しい」「美しい沈黙」「一人をつくらない」「○○力」

①子どものその場の言動に注目させたり、撮影しておいた写真を1枚提示したりする。
②言動や写真の中にある「よさ」を考えて出し合う。
③なぜよいのか、その理由を話し合う。
④どのような価値語がふさわしいかを考えて出し合い、決定する。
⑤成長ノートに感想を書く。
⑥感想を交流する。

第２章
コミュニケーション科の授業（2）言葉への興味・関心

❷語彙力・言葉集め

みんなで楽しく学べる、言葉集めの授業

木原　小百合（菊池道場東京支部）

1　ねらい

「学習指導要領第１章　総則」の中で、各教科において思考力、判断力、表現力等を育成する観点から、基礎的・基本的な知識及び技能の活用を図る学習活動を重視するとともに、言語環境を整え、言語活動の充実を図ることに配慮することが求められています。
〔知識及び技能〕のうち（1）の「言葉の特徴や使い方に関する事項」の中で新たに強調されたのが「語彙」に関する事項です。確かに語彙力が上がれば、理解できることが増え、勉強に役立てることができます。そもそも、語彙力は何のためにつけていくのでしょうか。

コミュニケーション科として考える語彙力。それは、「一人ひとりが豊かな言葉を獲得し、自分らしさを発揮しながら表現していくための力」であると考えます。この力を発揮し、自分らしく言葉で表現するには、一人ひとり違って当たり前であり、人と意見が異なっても、お互いに認め合い、安心して意見を言える学級であることがベースとなります。菊池氏は、以下のように述べています。

学級には、語彙力がなくて十分に話せない子、落ち着いて話せない子、自分の気持ちや意見を伝えることが苦手な子がいます。そういう子を含めて全員が“大切な存在である”ことを、担任はもちろん、学級全体で認め合うことが大切です。

コミュニケーション科の「意味や感情を、言語・非言語等を活用して伝える力」を高めていくために、友達との温かい関わりの中で、楽しんで語彙を増やし、活用場面を増やしていきましょう。

2　主な展開

言葉集めを通して、みんなで学び合うことの楽しさを存分に感じるための授業をします。

(1) 主なねらい

語彙を豊かにするとともに、友達と協力して学ぶことの楽しさを感じ、温かい人間関係を大切にしながら学びに向かおうとする人間性を育む。

(2) 1時間の主な展開

(1) □ー□の言葉を集める

①□ー□の意味を理解する。

②自分でノートに□ー□の言葉を集める。

(2) 集めた言葉をペアで交流する

①自分が書いていなかった言葉は、赤鉛筆で書き足す。

②列指名で、集めた言葉を発表する。

(3) □□ーの言葉を集める

①自分でノートに□□ーの言葉を集める。

②グループでノートに書いた言葉を見せ合い書き足していく。

(4) チョークリレーで「言葉集め選手権」をする

(5) ふり返りをする

①どんな言葉が集まったか、全体で確かめていく。

②頑張ったことや友達のよかったことを書く。

基本の流れとしては、1つの課題に沿って【個人で集める→ペア・グループで集める→全体】です。全体の時に教師が黒板を開放することで、グループごとに次々と黒板に集めた言葉を書いていきます（チョークリレーと呼んでいます）。

今回の授業は、少し応用させた2つの課題で展開しています。言葉集め選手権の練習として□ー□の言葉を集めます。本来はここでチョークリレーを行うことが考えられますが、今回は本番として□□ーの言葉集めでチョークリレーをしています。

3　展開例

(1) □ー□の言葉を集める

黒板に、□ー□と書きます。子どもたちは、不思議そうな表情です。

『先生が好きな飲み物です』

と言って、黒板にコーラと書くと「ああ！」と声が上がりました。『隣の人と、□ー□がどういうことか、話してみましょう』

勢いよく話し出しました。全体にも話したくなって、手を挙げている人もいますが、列指名で聞いていきました。

コミュニケーション指導のポイント　**□ー□の意味が分からなかった人も、ペア（グループ）で話すと分かります。指名されても「分かりません」と言うことなく、誰もが発言できる安心感を教師はつくっていきます。**

「3文字の言葉で、真ん中が伸びます」「カタカナの言葉です」

『1年1組言葉集め選手権をします。まずは練習をしますよ！では、□ー□の言葉の言葉を集めてみましょう』

言葉を何個集められそうか尋ねたところ、5個や10個などと答えたので、1年生として3個は集めようと少しハードルを下げて伝えました。

『今から2分時間を取ります。思いつくだけノートに書きましょう。お！もう鉛筆を持って書く準備をしている人がいる。気合入っているなあ』

すると、次々に鉛筆をもって書く準備が始まりました。

『素敵な行動が伝わっていったね！さすが！では、スタート』

子どもたちは、すぐに黙って書き始めましたが、悩んで手が止まっている子がいたので、そっと励まします。

『ペアで見せ合うから大丈夫だよ。一生懸命考えているのが分かるよ』

(2) 集めた言葉をペアで交流する。

ノートに集めた言葉を、隣の人と見せ合います。自分が気づいていなかった言葉を見つけたら、赤鉛筆でノートに書き足すように伝えます。

コミュニケーション指導のポイント　**友達と共有して発見した言葉を赤鉛筆で書き足すことで、目標の3個を大きく超えることができます。誰とでも協力して学ぶ楽しさを思いっきり体感させていきましょう。**

『この列の人、立ちます。書いた言葉を発表しましょう』
「ケーキ」「シール」「ビール」「ジュース」「プール」
『友達と力を合わせたら、たくさんの言葉が集まりましたね』

(3) □□ーの言葉を集める

『いよいよ本番にいきます。準備はいいかな？』

黒板に□□ーと書きました。子どもたちは早くも考え始めていました。

まず、一人で５個集めること。その後、グループでノートを見せ合いながら言葉を書き足していき、最後に黒板でチョークリレーというゲームをするという流れを説明しました。

『グループで確かめる前に、やることはなんですか』
「自分でノートに書く」
『その通り！では､いきますよ。○○さんの真剣な目が最高！用意スタート』

今度はグループで先程と同様の方法でノートを見せ合い、赤鉛筆でノートに書き足していきます｡その間に､教師は黒板を班の数だけスペースを分けておきます。さらに、短めのチョークをグループの数分用意します（新品のチョークを半分に折るくらいの長さが、折れずに書きやすいです）。

(4) チョークリレーで言葉集め選手権をする

『このチョークが“バトン”です｡一人が黒板に□□ーの言葉を書いたら、次の人にチョークを渡します。これを繰り返しますよ。さあ、どのチームが多く言葉を集めるかな。それでは、用意スタート！』

友達が書く姿を「頑張れ！」と応援する人や､「ぼく、次これ書いてもいい？」「いいよ！」と待っている間にやりとりをしている人がいました。さらに、一人では書けない友達に付き添い一緒に書く人もいました。

コミュニケーション指導のポイント たくさん言葉を書きたい！という思いから、グループ内で「もっと言葉を見つけよう」と力を合わせることや、一人をみんなで支えることの喜びを味わわせていきましょう。

「先生！他のチームが書いた言葉もノートに書いていいですか」

と聞く人が出てきました。また、自分の番がくるまで、グループで懸命に言葉を考えていました。自分らしさを発揮しながら、グループのために頑張る姿がたくさん見られました。

実際の黒板です。ここでは、字形や書き間違えは指摘しません。

(5) ふり返りをする

『では、黒板に集まった言葉を見ていきましょう』

「ホラーは、思いつかなかったな！」「シャワーがあったか！」

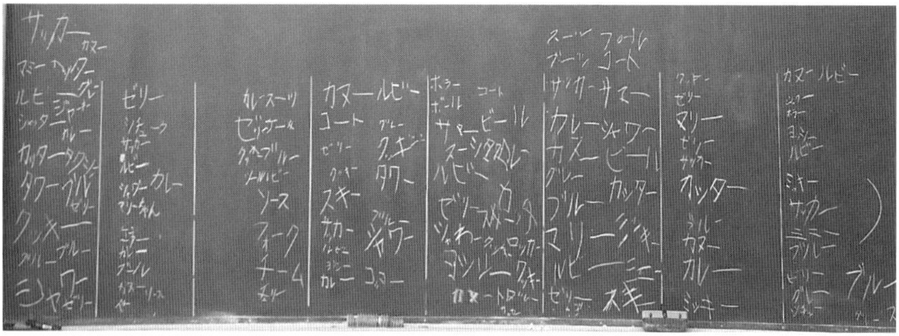

コミュニケーション指導のポイント 言葉の数で勝敗を決めるのではなく、集まった言葉をよく見る時間を取ります。気づきをどんどん声に出させることで、子どもたち自身の言葉の広がりの実感につながります。

『ふり返りを書きます。この時間で自分が頑張ったことや、友達のよかったところ、一緒に成長できたところなどを、書きましょう』

「みんなと協力すると、力が出る。難しかったけど、頑張りました」

「いっぱい書いて、楽しかったです」

『みんなで一緒に学び合うって、楽しいですね。今日はみんなの優しい姿をたくさん見ることができて、素敵なクラスだなと先生は思いました。これからも学習する時に分からないことがあったときも、みんなが教えてくれるから、安心して学んでいきましょうね』

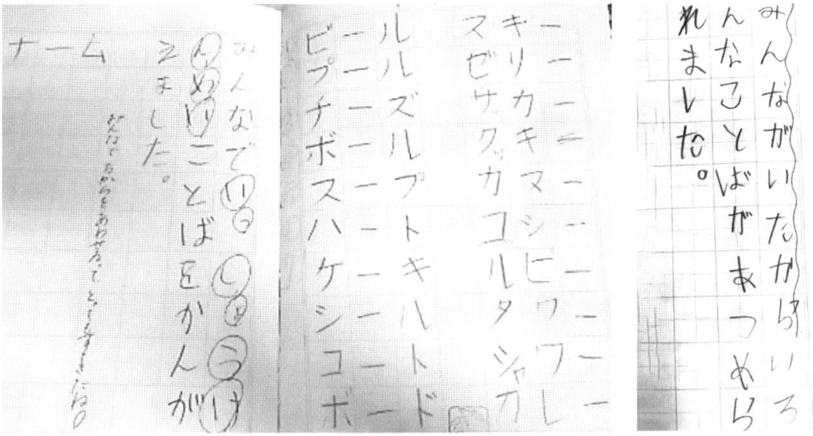

4　発展と応用

(1) 授業後の活用

この後は、□ー□ー（ヒーロー）、□ー□ー□（ソーセージ）、□ー□ー□ー（ソーラーカー）など、内容のレベルを上げていくと語彙が広がっていきます。言葉を集めることだけが目的ではなく、友達との関わり合いの中で集めていくよさや、協力することの心地よさを子どもたちが感じていくことが大切です。また、言葉を活用する場面を教師は意図的に設定していきます。ほかには以下のような活用例がありますので紹介します。

・教師が撮った写真の姿（例：図工で使い終わった共用の折り紙を、一人でそろえている）を見て、この行動に合う価値語とその理由を成長ノートに書いたり、グループで話し合ったりする。

・○○さんにぴったりな四字熟語を黒板に書く。辞書に載っている言葉以外に、自分で創作する児童もいます。その言葉に込めた説明からは、その人らしさが次々と発揮されていきます。

(2) 他学年で実施する時の差異

今回は１年生の実践として紹介しましたが、１年生に限らず、どの学年でも生かすことができます。

コミュニケーション科における「言葉集め」で教師が心がけることが2つあります。

1つめは、教室は一人ひとりが違ってよいということです。違うからこそ、○○選手権のように力を合わせた時に自分の知らなかった言葉や使ってこなかった言葉に出合えます、そして、仲間と集めた言葉を覚えようとすることができます。

2つめは、“みんなで学び合っていけばよい”という授業観をもつことです。課題が分からなかった人も友達と学び合うからこそ、次の学習でも安心してみんなと一生懸命学ぼうというやる気が、芽生えてきます。今回のような言葉集めの学習を通して、「言葉って、こんなにたくさんあるのだな」「言葉ってすごいな」「もっとたくさん集めていこう」「安心して考えられて楽しいな」と感じることのできる子どもたちの心を育てていきましょう。

第２章
コミュニケーション科の授業（2）言葉への興味・関心

❸言葉遊び

笑いとユーモアで学ぶ楽しさを体験しよう！

木原　小百合（菊池道場東京支部）

1　ねらい

言葉遊びと聞くと、「国語科としてどんな力をつける学習にしなければならないのか」「この学習の評価は…」と、国語科としての視点に目がいってしまい、学習指導要領でいう「知識・技能」に重点をおいた「知識獲得型」の学びになることが多くあります。確かに、それも教師として考えなくてはいけないことです。

コミュニケーション科の考える言葉遊びは、「一人ひとり違う」ことを子どもに伝える前提として授業を行います。だから、勉強の得意な人や言葉をたくさん知っている人だけが活躍できるのではなく、学級の全員が活躍できるよう、教師は子どもたちの学びに向かう姿をどんどん価値付けて、広げていきます。つまり、「学びに向かう人間性」を育てていると言えます。そのために必要なことの１つが、「笑い」です。菊池氏は、「笑いは知識と教養だ」と様々なセミナーで話しています。

ある６年生の授業に菊池氏が飛込授業をした際、活動の最後に、
「ユーモアやお笑いを楽しめるのは、お互い分かり合っているコミュニケーションのとれる学級です。これからの○組みんなの成長が、先生はとっても楽しみです」

と、子どもたちに伝えています。

友達とつながり合い、学び合う中で、言葉遊びを楽しむ子どもたちの頭の中では、夢中になって言葉を集めています。自分らしさを発揮しながら、言葉を集めて遊んでいる子どもたちの姿を、教師は、ほめて・認めて・励まして、そして寄り添っていくのです。

2　主な展開

ここでは、『三段オチ』を使った言葉遊びをします。言葉をフル活用して三段オチに取り組みます。お互いに読み合ったり、一緒に考えたりすることで、自然と笑いが生まれ、子どもたちの個性も芽生えてきます。

(1) 主なねらい

三段オチを作る活動を通して、言葉で遊ぶ楽しさを実感しつつ、友達と一生懸命考え出すことの楽しさを感じる心を育む。

(2) 1時間の主な展開

(1) 三段オチについて知る

①芸人の三段オチを提示し、面白い理由を話し合う。

②三段オチのルールを聞く。

(2) 三段オチを作ってみる

①オチだけを考える形式で作ってみる。

②全て自分で作ってみる。

(3) 作った三段オチを黒板で交流する

①書けた人から黒板に書いていき発表する。

②黒板に書かれた三段オチを手がかりに、さらにオチを考えたり、思いつかず悩んでいる人のオチを一緒に考えたりする。

(4) ふり返りを成長ノートに書く

いきなり「三段オチを作りましょう」と言われても、どうやって作ってよいのか分かりません。そこで、まずはお笑い芸人の狩野英孝さんの有名な三段オチを紹介するところから始めます。喜劇俳優だった岡八郎さんの「べっぴんさん　べっぴんさん　一つとばしてべっぴんさん」も、多くの芸人さんが引用している三段オチです。

この授業で大切にしたいことは、笑いとユーモアです。クラスの中には、お調子者な人もいれば、静かで控えめな人もいます。笑いのツボも人それぞれです。三段オチができた・できないで評価するのでは、ありません。学級で誕生した三段オチを読んだ子どもたちと教師が一緒に笑い合い、関係性を豊かにしていきましょう。

3　展開例

(1) 三段オチについて知る。

『昨日、○○先生とラーメン屋に入って…ラーメン、つけメン』

　黒板にラーメン、つけメンと書きながら、お笑い芸人の狩野英孝さんの写真を見せました。

『続きが分かる人？』

　子どもたちは元気よく手を挙げて「ぼくイケメン‼」と答えました。大正解に、みんな大笑いです。

『なぜ、面白いのでしょうか？隣の人と理由を話してみましょう』

「最後の“メン”だけ、急に意味が変わるからです」

「自分のことを、自画自賛しているからです」

コミュニケーション指導のポイント　**面白さの根本を学級で共有することで、その後の活動が一気に豊かになっていきます。また、理由も人それぞれであることを伝えていきましょう。**

　ここで、３つの言葉に番号をふります。①②はフリで、③はオチということを簡単に説明します。

①おれ、やるよ　②いや、おれやるよ　③いやおれが「　　　　　」

　と黒板に書き、ダチョウ倶楽部の写真を見せて、オチを尋ねました。子どもたちは、首をかしげていたので、正解は「どーぞどーぞ」だと伝え、３人にこの三段オチちを実演してもらうと、大笑いでした。今の三段オチの面白さを聞くと、「最後だけ譲ったところ」や、「フってフってオとすところ」だと、様々理由が出てきました。

(2) 三段オチを作ってみる

　三段オチ選手権と大きく黒板に書きました。まだ、どんなことをするのか分かっていない様子が表情から見取れました。

『難しく考え過ぎず、楽しんで作ってみましょう。最初のお題は、“遅刻の理由”です』

①赤ちゃん（の世話をしていたから）②友達（としゃべっていたから）

『①②はフリですね。③のオチになるところを、考えましょう。“みんな違って　みんないいですね。成長ノートに書きましょう。『思い浮かばなかったら、“あの人はどんなオチを書いたのかな？”と立ち歩いて見に行ってもいいですよ』

　あちこちで、楽しそうに対話し、考えを交換し合う姿が見られました。

コミュニケーション指導のポイント　**思いつかなかった場合に自分から立ち歩いて見に行く姿を見たら、分からないままで終わらせない意欲を素晴らしいと価値付けていきましょう。**

『どんなオチができたか、発表していきましょう』

「間違えて塾に行ってしまった」「宿題が風に飛ばされた」「寝坊した」

　どの発表にも笑いが起こりました。

『お笑いは、大切なコミュニケーションの１つです。普段の会話の中にさりげなく入れると、会話が豊かになりますよ』

『次は、①②③までの三段オチを全部自分で考えてみましょう』

（3）作った三段オチを黒板で交流する

　ここで、考えついた人から黒板に書いていきました。

・笑わない理由は？①笑えないの　②顔はあるけど　③口角を忘れた

・①お父さんと銭湯に行ったよ　②私はお母さんと銭湯に行ったよ
　③俺は戦闘に行った

　作品が読まれるたびに笑いが起こり、教室に温かい空気が流れました。

コミュニケーション指導のポイント　**黒板を開放し、三段オチを書かせると、参考にしたり、新たなオチを考えたりと、発想が広がります。黒板を見て笑いや対話が生まれていたら、大いにほめます。**

『②まで考えたのだけど、③が思い浮かばず悩んでいる人がいます』

　と伝え、一人の人の作品を黒板に書きます。

　このクラスのよいところ　①価値語　②成長ノート

『オチをみんなで考えます。思いついた人は立ちましょう』

と問いかけると、全員が立ち上がりました。

「○○先生の筋肉！」「○○先生のギャグがすべる」「コミュニケーション！」教室中が笑いに包まれました。

(4) ふり返りを成長ノートに書く

「友達とコミュニケーションをたくさんしたから、自分では気づけなかった三段オチができた」「○○さんが、オチを一緒に考えてくれて、嬉しかった」

> **コミュニケーション指導のポイント** 思いつかず悩んでいる人がいたら、みんなで一緒に考えればよいのです。みんなで一緒に成長していこう！というメッセージを、教師は積極的に発信していきます。

4　発展と応用

(1) 言葉遊びの実践例

①タブレット

『今から、“さる”を“ひと”にあっという間に変えてみせましょう！』

この言葉に子どもたちは驚きます。黒板に、「さる→さけ→いけ→いと→ひと」と書きます。そこで、タブレットは、単語の中の1文字を入れ替えて、意味の違う単語を作る言葉遊びだということを知ります。

自分で作る際には、「すき」から「あい」に変えたり、「はる」から「ふゆ」に変えたりしてみます。『どのグループが一番少ない回数で言葉を変えられるかな。協力して黒板に書いていきましょう』とゲーム性をもたせることで、子どもたちは夢中になって言葉を次々と考えていきます。

②なぞかけ

『ある小学生が作ったなぞかけです』と言って、黒板に書きます。

・「はさみ」とかけまして「銀行」とときます。その心は、どちらも（　　　）するでしょう。

・「本」とかけて「夏休み」とときます。その心は、（　　　）はいやでしょう。

（　　　）に入る言葉をペアで考えます。1つめは「チョキン」、2つめは「あつすぎる」です。

【○○とかけて××とときます。その心は、どちらも□□でしょう】の□□のところを最初に考え、それから１文めを考えることを子どもたちに説明します。同じ読み方の２つの漢字で書ける言葉を、辞書を使って調べていくと、語彙が広がります。（例　のびる「伸びる」「延びる」）

③川柳

川柳は、ユーモアが入った五七五で表す短詩のことです。

平成と令和で、「平和」の（　　　）と黒板に書き、『（　　　）には何が入るから当てずっぽうでいいから予想してみましょう』と伝え、考えていきます。（答えはバトンパス）

社会情勢を表した川柳コンクールでの４つの候補作品を挙げ、好きな川柳を１つ選び、理由を交流します。

以下は、菊池氏が飛込授業の際に取り上げた４句です。

①よちよちと　幼き令和　ころぶなよ

②国政調査　同居してます　ロボットと

③風水害　令和列島　眠らせず

④ AI は　部下か上司か　同僚か

「第２回『令和』川柳コンテスト（一般財団法人全日本情報学習振興会主催）」から引用

（ロボットとＡＩは□にして、子どもたちに考えさせていました）

選んで意見を発表したあとは、川柳コンテストを開きます。まず各自で作った川柳を、次は４～５人グループで読み合い、お気に入りの１句をグループで決めます。その句を黒板に書き、優秀作品を選んでいきます。

３つの実践例を紹介しましたが、言語活動をすること自体が目的ではありません。「言葉を大切にし合う」「自分との違いを楽しむ」「みんなと話し合って考える楽しさ」「自分らしさを出すことの喜び」など、子どもたちが自己開示をしていける学級を創っていくための、教師の視点や言葉かけ、価値付けが大切です。

（2）他の学年で実施する際の差異

低学年で実施する際は、国語の教科書に出ている言葉の単元を見てみましょう。『国語１年下　ともだち』（光村図書）に、「ことばを見つけよう」という単元があります。言葉の中に隠れた「別の言葉」を見つける活動です。教科書にある「かばんの中には、かばがいる」や「みかんの中には、かんがある」などの文を手がかりに、「○○の中には、□□が（いる）ある」を使って、言葉探しをする活動です。コミュニケーション科の視点を生かした授業をすることで、「おー！」という驚きの声や、「すごい！」「なるほど！」と拍手もある温かい空気になります。１年生が「マスクの中には、マスがある」「“さいごまできく”の中には、ごまがある」「あやまるの中には、やまがある」などを作りました。

ほかには、ダジャレなども、低学年の子どもたちは大好きです。

今回の三段オチの授業は、６年生の実践をもとに紹介しましたが、中学年以降であれば、どの学年でも楽しく活動できます。

そのために、低学年のうちから、学習規律を重視するばかりではなく、学級のみんなと協力しながら、楽しく言葉を集めたり、遊んだりする活動をたくさん取り入れていきましょう。そうすることで、活動が豊かになります。白い黒板や成長ノートを活用して、ふり返りを大切していくと子ども同士の絆も深まっていきます。

第２章
コミュニケーション科の授業（2）言葉への興味・関心

❹白い黒板
一人ひとりの違いのよさを認め合おう

米山　潤（菊池道場東京支部）

1　ねらい

白い黒板とは、「黒板を介した、主体的でダイナミックなコミュニケーション」のことを言います。「教師のもの」と思われがちの黒板。それを開放し、教師や子どもから出た課題（テーマ）に対して、子どもたち一人ひとりが自分の考えを黒板に書き、チョークで真っ白にします。黒板に表現（視覚化）された自分たちの考えを基に、新たな自分の考え（個人や学級集団等での新たな目標）を成長ノート等に書き出させ、それに対して教師がコメントを書きます。

菊池氏は、「『白い黒板』は、子どもたちが全員で創る学級の象徴です。また、黒板を『教える側の教師』から『学びの主体者である子どもたち』に開放することでもあります」とし、その効果として、

①１つのテーマについて、みんなで考えることの価値に気づく
②一人ひとりの考えを大切にする
③話し合いは、１＋１=２の効果だけではなく３にも４にもなる
④他人の意見を素直に受け入れて、伸びようとする子どもが育つ
⑤自分の考えをきちんともった子どもが育つ
⑥ノートの活用によって、教師と子どもをつなぐことができる

と述べています。

黒板を介して、子どもたち一人ひとりが主体的･対話的に学ぶことで、コミュニケーション科でつけたい力の「自分らしさを発揮しながら、他者と協力して『学び』ができる力」を育んでいきます。

白い黒板は、一人ひとりの違いを認め合った上で人間関係をよりよいものへと変容させ、学級の学びの絆をより強いものにしていくのです。

2　主な展開

本実践は、主に学期のふり返りやまとめ、行事の事前・事後指導の場面において、特に考えさせたい、話し合わせたいというときに行います（今回は、運動会を想定して書いています）。

（1）活動の主なねらい

・開放された黒板に自分の考えを書くことで、一人ひとりが「参加者になる」という自覚をもつとともに、一人ひとりの考えの違いを認め合いながら、自分（たち）の力でよりよい生活を築いていこうとする心情を養う。

（2）１時間の主な展開例

①活動に対する関心や見通しをもつ
　○白い黒板の画像の画像を見て、活動のイメージをもつ。
②テーマ（運動会を通して、４年１組が成長したこと）に対しての自分の考えをもつ
　○成長ノートなどに自分の考えを書く。
　○ペアで意見を交流し合う。
③列（班）ごとに、自分の考えを黒板に書く
　○教師は挙がってきた意見を整理したり分類したりする。
④成長ノートにふり返りを書き、発表する
　○書く視点を教師が与える。
　○意見の共有化を図り、全体での思考をさらに深める。

年間を通して行われる「白い黒板」の授業に見通しをもって取り組んでいけるように、具体的な実践例にふれたり、活動を行ったりできるような構成にしています。「白い黒板」を創り上げると、子どもたちはそれにしばらく見とれて、その場から離れようとしません。また、全員の考えや思いが１つになってできあがった黒板を見ている子どもたちの表情からは、達成感が感じられます。子どもたちがこのような経験を繰り返し積んでいけるように、教師が年間の見通しをもち、計画的に取り組ませていけるようにしておくとよいでしょう。

3　展開例

(1) 活動に対する関心や見通しをもつ

『運動会が終わりました。運動会を通して、一人ひとり、成長したことがありましたよね。この授業では、「みなさんが運動会を通して成長したこと」で黒板を白く埋める、「白い黒板」にチャレンジしましょう』

子どもたちは、「？」といった表情を見せます。ここで、白い黒板の画像を見せます。

『これが、「白い黒板」です。テーマを基にして、一人ひとりが黒板に自分の思いや考えを書き、チョークで真っ白にするのです。みんなの思いや考えで、黒板を真っ白にするのです』

「えっ？黒板に書いてもいいのですか」

子どもたちにとって黒板は、「先生が書く場所」と考えている場合が多いので、子どもたちが前のめりの姿勢になっていきます。

『みなさんの成長は見た目だけでは分かりませんよね。みなさんの成長の目に見えない部分を、表現してみたくなった人？』

「ピシッ」と挙手する子どもたちでいっぱいです。教室の空気が、「学びに向かう温度」に変わってきました。

コミュニケーション指導のポイント
「黒板は先生が書く場所」という先入観を崩す代わりに、「やってみたい！」といった意欲を高める土台を作りましょう。

(2) テーマに対しての自分の考えをもつ

今回のテーマである、「運動会を通して、4年1組が成長したこと」と、黒板中央に色チョークで書きます。それに対しての自分の考えを成長ノートなどに書かせます。

『運動会が始まる前と、終わった今とを比べて、「4年1組が成長したな」と思うことを、成長ノートに書きましょう。まずは、箇条書きで思いつくだけ書きましょう』

初期の段階では、質より量を意識させるため、箇条書きで取り組ませます。

『自分の考えを基に、ペアで交流し合いましょう』

子どもたちの考えをなるべく拾えるよう、机間指導を行います。

『既に２つ考えたのですね。その調子です』

『どう書けばいいのか困っているのですね。伸びようとしている証拠ですね。教えてくれてありがとう』

書いている子どもたち一人ひとりの様子に合わせて、言葉かけを行ったり見守ったりしていきます。

コミュニケーション指導のポイント **相手のことを信頼しているからこそ、友達や教師に頼ることができるのです。自己開示してくれた子どもを認め、ほめることで、その姿勢を価値付けます。**

(3) 列（班）ごとに、自分の考えを黒板に書く

自分の考えを、列（班）ごとに黒板に書かせます。

『列ごとに黒板の前に出て、自分の考えを書きましょう。待っている人たちは、挙がってきた考えと自分の考えとを比べながら、同じような部分、もしくは、違う部分がないかを考えてみましょう。そこから自分の考えを整理し直すところはないか、さらに考えてみましょう』

と指示を出し、この活動の見通しをもたせておきます。

「友達と同じ考えを書いてもいいのですか」

あえて間を置き、問い返します。

『みなさんはどう思いますか』

「同じ考えを書くのは…」

何か言いたそうにしていますが、自信なさげです。

『書いてもいいのですよ。同じ言葉でも、その言葉が出てきた背景や内容は一人ひとり違うのですから』

机間指導で子どもたちの様子を観察しながらプラスの言葉かけを続けます。必要に応じて、２回めのスタートの指示を出します。

『２回めを始めます。白くなってきた黒板をよく観察したり、書き足したりしましょう』

コミュニケーション指導のポイント 友達の考えと同じであることや違いがあることに、不安を感じる子どももいます。それも認めた上で、その背景や内容に、「その人らしさ」があることを伝え、価値付けます。

(4) 成長ノートにふり返りを書き、発表する

黒板に全員が書き終わったあと、ふり返りの視点を与え、成長ノートにふり返りを書かせます。

『みなさんで完成させた白い黒板を見て考えたことや、これからどうしていきたいのかなどを、成長ノートに書いてふり返りましょう』

「３つあります作文（ナンバリング、ラベリングの手法）」のような書き方や、接続詞（順接、逆接、並列等）を用いてふり返りを書いていけるように、段階的に指導を行っていきます。

『書くことと発表はセットでしたね。書き終わった人から自由起立で発表しましょう』『書き方で困っている人は、まずは発表した友達の意見を参考にして書いてみましょう』

書いたものを発表することで、考えの共有化を図り、全体での思考をさらに深めていきます。発表を促すことで主体的な参加者（話し手・聞き手）を育てます。また同時に、主に書くことに関して支援が必要な子どもへの手立て（配慮）も行います。

コミュニケーション指導のポイント 子どもたちの書きぶりが、授業に対する、教師への評価につながります。赤ペンでコメントを返しつつ、次時以降に改善していけるように、教師自身もふり返ることが大切です。

４　発展と応用

○低学年や、初めて実施する際には、質より量を特に意識させて意欲を高めます。

○高学年では、委員会活動やクラブ活動など特別活動時（事前指導、事

後指導）にも活用できます。

○授業後の活用

・ノートを集め、教師からのコメントを書きます。場合によっては、教師からのコメントが口頭でのフィードバックや、簡単なコメントのみになることも伝えておきます。

・できあがった白い黒板は、写真で記録として残しておきます。その後、教師が一つ一つを文字化、整理してから再度話し合いを行うなど、学びのアウトプットとして活用することもできます。

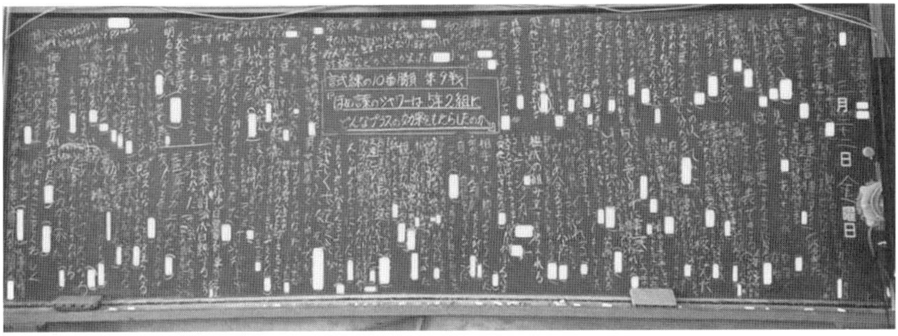

▲菊池道場メンバーの指導による白い黒板
「ほめ言葉のシャワーは、5年2組にどのようなプラスの効果をもたらしたのか」

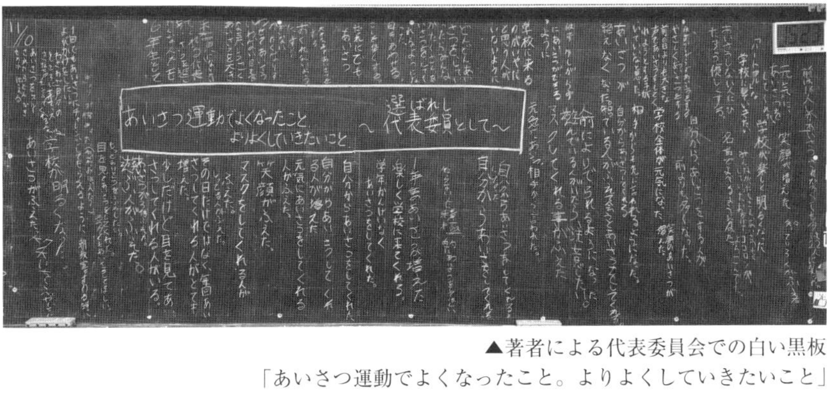

▲著者による代表委員会での白い黒板
「あいさつ運動でよくなったこと。よりよくしていきたいこと」

第2章
コミュニケーション科の授業（2）言葉への興味・関心

❺4つのアンケート

教室をプラスの言葉でいっぱいにしよう！

丹野　裕基（菊池道場東京支部）

1　ねらい

菊池氏は、子どもたちに、「『やろうと思います』ではなく、『やります』と言い切りなさい」と指導されてきました。曖昧な言葉に逃げずに、言葉に責任をもたせるためです。

私は、卒業を前にした子どもたちに「言葉にしないことには無責任になれる。でも、言葉にした瞬間に、責任が生まれる。だから、本当に叶えたいと思える自分の夢や目標は、心にしまっておくのではなく、言葉にして、叶える努力ができる人になってほしい」と必ず伝えてきました。「言葉には、力があります」世の中に、名言と呼ばれる言葉が、多くの人の考え方や行動をプラスに導くように。一方で、その力をマイナスにふりかざすことで、人を傷つけ、時に命さえ奪ってしまいます。

教室の中にはたくさんの言葉が飛び交います。子ども同士の関係性を豊かにし、よりよく成長していこうとする心を育んでいくためには、言葉を整えることが不可欠なのです。心を傷つける言葉や否定する言葉を言ったり、言われ続けたりするのを、即時指導するだけではなく、この「4つのアンケート」の授業を通して、プラスの言葉があふれる集団をめざす決意をもたせましょう。

この授業は、年度当初や学期の節目に実施します。「4つのアンケート」とは、①「教室にあふれさせたい言葉」②「教室からなくしたい言葉」③「1年後に言われたい言葉」④「1年後に言われたくない言葉」の4つです。先生が子どもたちに示す形で指導するのではなく、自分たちで集団決定をさせていくことが、自分たちで1年間、言葉を大切にし合いながら成長していくぞ！という決意につながっていきます。

2　主な展開

「4つのアンケート」は、授業を行い形式的にポスターにまとめて終わり、というものではありません。次の5つを大切にして指導を行うことが肝要です。①2種類の言葉を区別させる。②経験をもとに想起させる③「私は言われても平気」というような自分軸ではなく、「誰にとっても」という相手軸の大切さを感じさせる。④クラス共通の目標として、言葉を大切にすることを決意させる。⑤具体的な言葉は学級の達成目標となるので、集団決定する。

(1) 主なねらい

温かい人間関係を築くために、温かい言葉を大切にし合うことや、言葉を大切にし、目標に向かって成長していこうとする心情を養う。

(2) 1時間の主な展開

【あふれさせたい言葉の授業】

①朝、教室にあった「おはよう」の言葉が「いいものか」「よくないものか」考え、友達と交流・発表する。

②2種類の言葉があることを知る。

A：言った人も言われた人も聞いていた人もいい気持ちになる言葉

B：言った人も言われた人も聞いていた人もいやな気持ちになる言葉

③よりよく成長していくために「教室にあふれさせたい言葉となくしたい言葉」を考えるという本時の授業のめあてを確かめる。

④「教室にあふれさせたい言葉となくしたい言葉」を考える。

（個人→少人数）

⑤他の班が出し合った言葉を見て回り、その感想を交流する。

⑥□と○○に入る言葉を考える。

□が荒れると ○○が乱れ□が静まると ○○が優しくなる

見えない□なのに ○○で見える

⑦成長ノートにこの時間の感想を書く。

3　展開例（「あふれさせたい言葉の授業」）

(1)「おはよう」の言葉が「いいものか」「よくないものか」意思表示をする。その理由を友達と交流しながら考え、発表する

「おはよう」と板書します。
『元気にこの時間を始めるために、明るく、元気が出る「おはよう」を言える人はいますか？』
　挙手する子が出始めますが、それを遮るようにして、
『あ、ちょっと待った。A さん、このクラスだったら、何人の人が立つと思う？』「5 人？うーん、10 人！」
『B さんも、10 人だと思う？ 12 人かな？』
　このように、少し負荷を与えるようなやりとりをしながら、具体的な達成目標を子どもと決めていきます。「えー！いけるいける、12 人いこうよ！ C くん、立とう！」そのようにして、教室の空気も次第に温まってきます。そして、挙手した全員を起立させます。
『この 12 人。みんなを元気づけようという心が立派。みんなで拍手～』
　順番に「おはよう」を言わせ、一人ひとりに拍手を送ります。
『じゃあ、今度はみんなで。トーンを上げていきましょう。元気を出して、せーの』全員で声を出したあと、板書を指さします。
『今日の朝、教室に入って、この言葉を聞いた人？』
　手が挙がっていきます。それを確かめながら、続けます。
『先生にも聞こえました。先生が「おはよう」と声をかけながら教室に入ると、「おはよう」と返してくれましたね。元気が出たなあ』
『A くんが教室に入って来たときのことなんだけれど。B くんがその場からこうやって手を挙げて、「おはよう」って声をかけていました。この姿、みんなはどう思いますか。「いいことだなあ」と思う人は頭の上で○を、「よくないことだ」と思う人は胸の前で×をつくりましょう』
　多数派が「○」であることを確かめて続けます。
『なぜ、「いいことだな」と思ったのだろう？理由を隣の友達と 3 つ見つ

けます。時間は30秒。用意、スタート！』

30秒が経過したのち、発言させます。

「朝、声をかけてくれると元気が出るから」

「Bくんが学校に来るのを待っていてくれた感じがして嬉しいから」

> **コミュニケーション指導のポイント**　「よさ」を具体的に、全員が、イメージできることが大切です。モデルとなる子どものよさを価値付けながら、ポイントを整理して共有しましょう。

（2）2種類の言葉があることを知る

AとBと板書します。

『先生は、言葉には2種類あると思っています。どんなふうに分けていると思いますか？』

「明るい言葉と暗い言葉」「いい言葉とわるい言葉」

次のAとBを板書をしながら話します。

『なるほど。1つは、A:「言った人も言われた人も、聞いていた人もいい気持ちになる言葉」です。もう1つは、B:「言った人も言われた人も、聞いていた人もいやな気持ちになる言葉」です』

> **コミュニケーション指導のポイント**　言葉を提示するだけでなく、子どもとのやりとりを通して、「そういうことか」という実感を伴う理解を引き出す過程を大切にしましょう。

（3）よりよく成長していくために「教室にあふれさせたい言葉となくしたい言葉」を考えるという本時の授業のめあてを確かめる

成長曲線を板書します。

『4月の始めに、「これ」をみんなで確かめましたね』

「成長曲線！」

『みんなで、Aの道をめざそうと決めたね。では、このクラスにあふれさせたいのは、Aの言葉とBの言葉、どちらですか？』

「A！」（言った人も言われた人も、聞いていた人もいい気持ちになる言葉）

『みんなで決めた、Aの道に進んでいくのを邪魔する言葉は、AとBのどちらですか？』
「Ｂ！」（言った人も言われた人も、聞いていた人もいやな気持ちになる言葉）
『今から、みんなで力を合わせて、Ａの言葉とＢの言葉を考えていきます。Ａの言葉をクラスにあふれさせたい言葉、Ｂの言葉をクラスからなくしたい言葉とします』

(4)「教室にあふれさせたい言葉となくしたい言葉」を考える。

一人ひとりに２種類の付箋を配ります。
（例）あふれさせたい言葉→ピンク色　　なくしたい言葉→青色
『時間は３分です。思いつく言葉を書きましょう』
個人での活動のあと、グループにします。
『画用紙に一人ひとりが考えた言葉を貼りながら、言葉を増やします。今持っている付箋で足りますか？』
『チームで画用紙いっぱいにするには、時間はどのくらい必要ですか？』
「10分！」「８分！」
『よし、５分でいきましょう。用意、スタート』

コミュニケーション指導のポイント
『付箋は足りますか？』『時間はどのくらい必要ですか？』などと挑戦する意欲を引き出す言葉を使い、競い合う雰囲気や、テンポを生み出しましょう。

(5) 他の班が出し合った言葉を見て回り、その感想を交流する

(6) ○と□に入る言葉を考える

(7) 成長ノートにこの時間の感想を書く

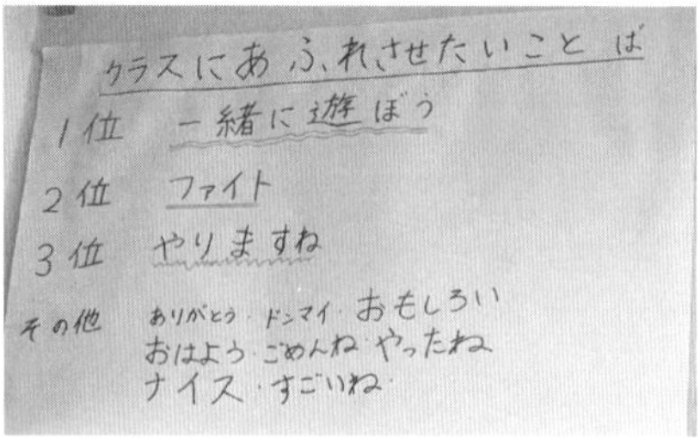

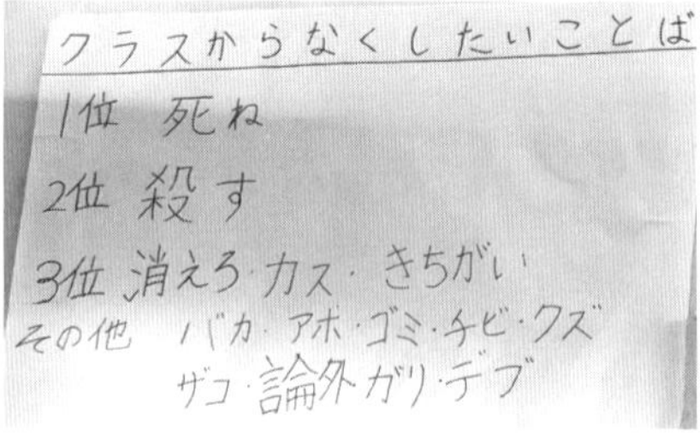

4　発展と応用

(1) 授業後の活用

①教室に掲示する。

子どもたちが集めた言葉を集計して、教室の目立つところに掲示します。そして、繰り返しその掲示を使いながら、指導していきます。

②学期ごとに授業を行う。

年間３回、学期の始めに繰り返し授業を行うこともおすすめです。言葉を大切にし合うために繰り返し、扱っていきたい内容です。

(2) 他学年で実施するときの差異

・どの学年でも時間の設定を工夫することで同様に展開できますが、実態に応じて、以下のような方法も取り入れてください。

①「チョークリレー」で言葉集めをする。

1．ノートにあふれさせたい言葉となくしたい言葉を書き出します。
2．ノートを持ち寄って、班になります。
3．黒板を班の数に分け、班に１本、チョークを渡します。
4．班のメンバーが順番に黒板に出て、言葉を書いていきます。
5．制限時間の中で、たくさん書き出します。

※たくさん書けたチームが勝ち、として競い合う活動にしてもよいです。

②冒頭で扱う言葉を「ありがとう」や「ごめんね」に変更する。

担任の先生が指導するよさを生かしましょう。担任として、「教室にあふれさせたい！」と感じた言葉が使われている場面を切り取って、それを紹介することから授業をスタートさせましょう。

③絵本の読み聞かせをする。

全員が、一朝一夕に言葉の大切さに意識を向けることは難しいものです。絵本の読み聞かせも有効です。

（例）・おーなり由子　「ことばのかたち」　講談社
・なないろ　「ちくちくとふわふわ」 CHICORA BOOKS
・キャロル・マックラウド　「しあわせのバケツ」TO ブックス

第3章

コミュニケーション科の授業（3）

即興力

総論

❶インプロコミュニケーションゲーム
❷演劇的身体表現
❸演劇的コミュニケーション

第3章
コミュニケーション科の授業（3）

即興力（総論）

中國　達彬（菊池道場福山支部）

1　本章で捉えている「即興力」とは

「即興力」の指導の肝は、「自分のことを自分の言葉で語れるようにすること」です。子どもたちが自分のことを自分の言葉で語り、それを互いに受け止め合おうとするようになれば、教室の中のコミュニケーションはさらに豊かになっていきます。

本章では、指導のポイントとして大きく次の２点を考えています。

１つめは、「答えをその子の内側に求めること」です。自分のことを語る力をめざすわけですから、子どもたちには、答えを自分の外側に求めるのではなく、内側に求めるように指導していきます。たとえ一般的なテーマであったとしても、自分の体験した事柄や人生経験に結びつけて考えれば､そこにはその子らしさを引き出すカギがきっとあるはずです。

２つめは、「身体表現の価値に着目すること」です。「即興力」は、表情や体、声といった身体による表現が伴うことでより豊かに育っていきます。そのため、教師は温かく楽しい雰囲気や人間関係をつくりながら、一人ひとりの身体表現を引き出すように努めることが大切です。仲間と共に身体を開放し、共同的に学ぶことの楽しさを実感した子どもたちは、その後も適度な負荷がかかることで意欲的に自分の考えを自分らしい表現方法で伝え合うようになります。

日常のコミュニケーションは「即興」の連続です。人と関わることの楽しさを原動力にしながら、一人ひとりが「自分らしさ」を発揮し、「即興力」を高めていくことができるように指導を重ねていきましょう。そして、「無茶ぶり、待ってます！」そんなやる気と笑顔があふれる教室をつくっていきましょう。

2　本章で紹介する「即興力」育成のための実践

即興力の指導のポイントが「自分のことを自分の言葉で語れるようにすること」にあるということをふまえて、実践の概要を整理します。

①即興力アップコミュニケーションゲーム（対決型チャップリントーク）

言葉による即興を主としたコミュニケーションゲームです。学習にゲーム性を取り入れることで、子どもたちは楽しみながら即興力を高めることができます。また、「ゲーム＝勝ち負けのある遊び」をめぐって教室の中には様々なコミュニケーションが生まれます。特に、ここでは「対決型」とすることで、子どもたちが自然に相手を意識した話し方や聞き方ができるようにしています。自分のことを自分の言葉で語り、それを受け止め合う楽しさを共有しながら、学級全体で「即興力」を高める風土をつくっていきましょう。

②演劇的身体表現（お茶の間リアクションゲーム）

身体表現を伴った即興力を高めるための学習活動です。シナリオやその演じ方を自分たちで考えて「つくり出すこと」を楽しみ合う学習です。ここでは言葉に加えて、身ぶりや表情、声の出し方等にも表現の幅が広がります。言葉だけでなく身体的にも相手を受け入れたり相手に受け入れてもらったりする。そんな体験の積み重ねは、他者と心が通い合う感覚や学級全体をプラスに捉える感覚にもつながっていきます。コミュニケーション力には欠かせない「ユーモア」も大切にしながら、子どもたちが共同的な学びの楽しさを実感できるように指導を行っていきましょう。

③演劇的コミュニケーション（なりきり対話）

即興力の発展形･応用形と言える学習活動です。ここでは、お題となっている「他者」が自分にとってどんな存在なのかを深く考察しながら、考えたことを即興的に言葉にする力が求められます。演劇的な手法を取り入れることで、子どもたちは「他者」の思いを想像したりその思いに寄り添ったりしながら学習を進めていきます。相手意識、他者意識をより豊かに育てていくことで「即興力」の幅をさらに広げていきましょう。

第3章

コミュニケーション科の授業（3）即興力

❶インプロコミュニケーションゲーム

楽しく即興力を高めよう！対決型チャップリントーク

中國　達彬（菊池道場福山支部）

1　ねらい

「チャップリントーク」とは、喜劇王チャップリンが行っていたと言われる話す力を鍛える方法からヒントを得た指導法です。紙をめくり、そこに書かれた言葉に関わることを即興的に話します。

即興力の指導において特に大切にしなければならないことは、「自分のことを自分の言葉で語れるようにすること」です。即興というと、少し難しい印象を受けるかもしれませんが、もしかすると、それは答えが自分の外側にあると考えていることが原因になっているのかもしれません。答えは自分の内側にあり、それを表現すればよいのだという感覚が身についていれば、自分の言葉で語ることに対する精神的な負荷もかなり小さくなるはずです。

もちろん、そのために自分の内側から出した答えをお互いに認め合う雰囲気、関係性は欠かせません。教師はファシリテーターとして、子どもたち一人ひとり人の思いや考えを引き出しながら、それを価値付け、学級全体で共有していくことに心を砕く必要があります。

子どもたちはゲームが大好きです。また、「ゲーム＝勝ち負けのある遊び」をめぐって教室の中に様々なコミュニケーションも生まれます。ここでは、ゲーム形式の言語活動を通して、子どもたちを新たな気づきや発見に導く指導の在り方を紹介します。

2　主な展開

(1) 主なねらい

　出されたお題について、即興的に「自分にとって○○とは、～」と話す活動に取り組むことで、自分のことを自分の言葉で語ろうとする態度を育てます。

(2) 1時間の主な展開

(1) 即興力のイメージを共有する

①教師による即興を見て、即興力の具体的なイメージをもつ。

②「即興力」とは、自分のことを自分の言葉で語ることであるということを知る。

(2) グループでチャップリントークに取り組む

①ルールを確認する。

②グループごとにチャップリントークに取り組む。

(3) 学級全体で対決型チャップリントークに取り組む

①各グループから代表者を選出する。

②代表者によるチャップリントークを審査員が評価する。

(4) 1時間をふり返り、感想をまとめる。

　前半でグループごとのチャップリントークに取り組んだあと、後半では各グループから代表者を選出し、「対決型チャップリントーク」を行います。代表者による即興を全員で見る場を設けることにより、即興力に関する具体的なポイントや新たな気づき・発見を学級全体で共有することができるようにします。また、ゲームが「楽しいだけで学びなし」の状態にならないようにするために、授業の最後にはふり返り（リフレクション）を行います。

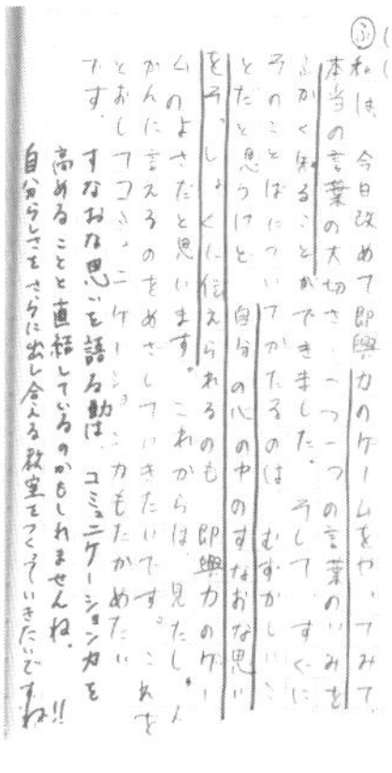
私は、今日改めて即興力のゲームをやってみて、
本当の言葉の大切さ、一つ一つの言葉のいみを
ふかく知ることができました。そしてすぐに
そのことばについてかたるのはむずかしいこ
とだと思うけど、自分の心の中のすなおな思い
をそっちょくに伝えられるのも即興力のゲー
ムのよさだと思います。これからは、見たしゅん
かんに言えるのをめざしていきたいです。それを
とおしてコミュニケーション力もたかめたい
です。
すなおな思いを語る動は、コミュニケーション力を
高めることと直結しているのかもしれませんね。
自分らしさをさらに出し合える教室をつくっていきたいですね!!

3　展開例

(1) 即興力のイメージを共有する

教師は黒板に「○○」と書き、次のように言います。

『今まで黙っていたんだけど、実は先生、○○の達人なんです』

「え〜っ？何の達人？」

子どもたちが予想をつぶやく中、教師は一人の子に声をかけます。

『○○君、教室の中にある物を何でもいいから1つ言ってみて。○○君が言った言葉について、先生は何でもすぐに説明するから』

「黒板！」

『私にとって黒板とは、みんなの新たな気づき・発見を見える化するものです。ほら、説明できるでしょう？どんな言葉でも説明するよ』

「本当かなあ…？」

『本当だよ。誰でもかかってきなさい！（笑）』

「じゃあ、机！」

『私にとって机とは、一人ひとりの居場所を表すものです。ほらほら、すごいでしょ？まだまだいけるぞ！ほかに勝負する人、いる？（笑）』

このように教師は子どもたちを（前向きに）挑発しながら教室の雰囲気を温めていきます。

子どもたちからのお題にいくつか答えたあと、次のように問います。

『さて、○○に当てはまる言葉は分かったかな？』

「説明かな」「対応かも」「回答もありそう」

子どもたちの答えを受け入れながら、○○の中に“即興”と書きます。

『先生がやってみたように、自分の中で考えたこと、思いついたことを、自分の言葉や自分らしい表現で表すことを“即興”と言います』

子どもたちとのやりとりを通して「即興力」のイメージを共有します。

コミュニケーション指導のポイント　教師が率先して即興力を体現することで、子どもたちにその具体的なイメージをもたせます。また、挑発的なパフォーマンスによって子どもたちの意欲を引き出します。

（2）グループでチャップリントークに取り組む

教師は黒板に書かれた「即興」に「力」を加えて次のように言います。

『即興力。今日はみんなでこの即興力を高めるゲームをしましょう』

「イエーイ！」

『今日やるゲームは、チャップリントークというゲームです。喜劇王チャップリンもこれからやる方法で話す力を鍛えていたそうです。では、ルールの説明も含めてゲームの準備をしましょう』

４人程度のグループをつくったあと、教師はB5サイズ（これより小さくてもよい）の紙を１人３～５枚配り、次の内容について説明します。

①１枚の紙に１つずつ、みんなが知っていると思われる言葉を書く。
②紙をグループで集め、裏返しにして中央に置く。
③１人ずつ順番に上から１枚手に取り、表にしながら立ち上がる。
④立ったら３秒以内にその言葉に関係することを話す。
⑤最初に書いていた言葉の紙がなくなるまで続ける。

このルールを伝えると、だいたい子どもたちの不安そうな反応が返ってきます。そこで、教師は続けて次のように言います。

『今、一瞬できるかなって不安になった人がいるでしょ。確かに出たお題について、辞書に書いてあるようなことを言わなくちゃって思うと難しく感じるよね。でも、大丈夫。話し始めをこの言葉にすると、意外に話しやすくなりますよ』

そう言って、黒板に「私にとって○○とは、～」と書きます。

『私にとって…つまり、自分がどう考えているかを話せばいいのです。たとえほかの人が違うと言っても、自分がそう思っているならそれが正解。答えは自分の中にあるので、それをみんなに伝えてみてください』

ゲームが開始したら、教師は各グループを回りながら子どもたちの話に耳を傾けます。

コミュニケーション指導のポイント
子どもたちの何とか話そうとする姿を積極的に認め、ほめます。教師が柔らかい表情でじっと聴き入る姿を見せるだけでも、子どもたちの自信や意欲は高まります。

(3) 学級全体で対決型チャップリントークに取り組む

グループでのチャップリントークが終わったら、活動に取り組む子どもたちの様子をほめたり、ユーモアのあるスピーチをしていた子を紹介したりして、教室の空気をさらに温めます。

そして、「対決型チャップリントーク」の説明を行います。

①グループから一人ずつ代表者を選出し（例：「せーの、ドン！」で推薦する人一人を指さす等）、対戦の組み合わせを決める。
②クラス全員のお題の紙を集め、裏返しにして教卓の上に置く。
③順番に上から１枚手に取り、表にしながら立ち上がる。
④立ったら３秒以内にその言葉に関係することを話す。
⑤３ターン続ける。
⑥代表者以外の子どもが審査員となり、判定を行う。
判定方法の例・・・「おもしろいで賞」「深いで賞」「自分らしいで賞」等、審査の観点を決めておき、観点ごとに優勢だったと思う方に手を挙げてもらう。そして、その合計ポイントで勝ち負けを競う。

特に判定の際には、次のようなやりとりがあるとよいでしょう。

『今、○○さんと□□くんの試合について、どちらが自分らしいで賞にふさわしいかを決めて手を挙げましたね。じゃあ、その理由が言えるという人、いますか？』

「はい。私は○○さんに手を挙げました。なぜかというと、“笑顔にしてくれる”という言葉が○○さんらしいなと思ったからです」

『あ～、なるほど！笑顔という言葉が出てきたところに○○さんらしさを見つけたんだね。笑顔という言葉が似合う○○さんも素敵だけど、それに気づいて、こうやって言葉で伝えられるあなたも素敵だね』

このようにして、自分のことを自分の言葉で語ることの価値やそれを受け止め合うことの心地よさを実感することができるように指導します。

コミュニケーション指導のポイント 判定理由を伝え合う場を設けることで、代表者と審査員の間にコミュニケーションが生まれます。「なぜよかったか」を伝え合うことで、温かい関係づくりをめざします。

(4) 1時間をふり返り、感想をまとめる

最後に1時間の感想をまとめます。

『感想のどこかで“即興力”という言葉を必ず1回は使ってください』

こうした指示をしておくことで今後の指導につなげていくことができます。ここでのふり返りを次回の即興力の指導や日常のコミュニケーション指導の場に役立てましょう。

4　発展と応用

(1) 語彙が少ない段階での活動例

低学年では、「私にとって○○とは、（　　　）ものです」という文型を示し、（　　　）の中にあてはまる言葉（気持ちを表す言葉）をあらかじめ子どもたちから出させてからゲームに臨むとよいでしょう（例えば、「おもしろい」「うれしい」「こわい」「かなしい」等）。

紙をめくって1文言うことに慣れてきたら、聞き手の子どもたちに理由を尋ねてみるよう促します。多くの場合、自分からは語れない子も、誰かに質問してもらったり反応してもらったりすれば答えることができるようになります。

「私にとって犬とは、こわいものです」

「どうしてこわいのですか？」

「大きな声でほえるからです」

(2) 発展的な段階での活動例

ある程度慣れてきたら、次のような発展形も考えられます。

・「理由は○つあります」で続ける。

・聞き手が質問し、内容をふくらませる。

・授業の中で学習した用語をお題にする。

・「言葉」「○年○組」「卒業」など、抽象度の高い言葉をお題にする。

いずれも楽しい雰囲気をつくりながら、自分らしさを発揮し合える教室をめざして指導を重ねていくことが大切です。

第３章
コミュニケーション科の授業（3）即興力

❷演劇的身体表現

表情！体！声！でリアクションして身体エネルギーを高めよう

大西　一豊（菊池道場大分支部）

1　ねらい

身体表現とは、表情・体・声などの身体を使って、自分の考えや思いを反応させる（リアクションする）ことです。例えば、笑顔、アイコンタクト、うなずき、あいづち、正対、拍手、声の調子や張りなどがあります。この身体表現のエネルギーが高いことで、円滑なコミュニケーションを実現することができます。

身体表現のエネルギーが低い教室は冷たく硬い空気感を醸し出しますが、一方で、身体表現のエネルギーの高い教室は温かく柔らかい空気感を創り出します。教室全体が、笑顔にあふれ、子どもたちの動きが大きく、スピード感があり、明るい雰囲気に包まれているのです。

ここでは、子どもたちの身体表現のエネルギーを高め、簡単でユーモアのある「お茶の間リアクションゲーム」をします。あるシナリオのリアクションをグループで考えて創作することで、身体表現のよさに触れるゲームです。身体表現の力が高まれば、自分の考えや思いを話しやすい雰囲気ができ、集団への安心感も高まります。また、身体表現は、視覚的にも話を受け入れてもらったことが捉えやすいので、心が通い合う感覚も共有できます。一人ひとりの心が近づいて話すことが楽しくなり、教室の熱もどんどん上がっていくことを感じることができるでしょう。

一人ひとりの身体表現の力が高まることで、学級の雰囲気は自然とよくなり、一人ひとりの関係性も温まります。それは、相手を好きになって一緒に成長できる力や一人ひとりが自分らしさを発揮しながら他者と協力して「学び」ができる力も高め、温かい人間関係を築き上げることにもつながっていきます。

2　主な展開

(1) 主なねらい

表情・体・声なども使ったリアクションの身体表現について、簡単でユーモアのある「お茶の間リアクションゲーム」をグループで協力して行うことを通して、その重要性を実感し、実践意欲をもつことができるようにする。

(2) 主な1時間の展開例

(1)「リアクション」の意味とその種類を知る

①「リアクション」の例を出し合い、意味を知る。

②種類は【表情・体・声】などがあることを確認する。

(2)「お茶の間リアクションゲーム」を知り、練習する

①1か所だけセリフが空欄の簡単なシナリオを知る（シナリオの例は「3展開例」にあり）。

②グループで空欄の部分のセリフを考える（5分程度）。

③グループ内で役割を決めて練習する。

(3) グループごとに発表し、視点をもたせた「賞」を決める

○賞の判定基準を表情・体・声などのリアクションの工夫、ユーモアのあるリアクションなどで決める。

(4) ふり返りをする

○成長ノートにふり返りを書き、発表する。

授業のポイントとしては、身体表現を「リアクション」という親しみのある言葉に変え、子どもたちが出した言葉を【表情・体・声】などでまとめることです。なんとなくではなく、明確にどんなものがリアクションであるのかを知らせることが、今後の展開において活動の内容を充実させるためには大切です。また、「場の雰囲気が分かっているか」も大きな判定基準になることも伝えるとよいでしょう。グループの発表の時間が、楽しい寸劇の時間のようにも感じることができます。

3　展開例（中学年）

(1)「リアクション」の意味とその種類を知る

『今日は…、ゲームをします！』

と授業開始後、いきなり伝えると、

「イェーイ！やったー！」「おー！どんなゲームですか⁉」

と言いながら両手を挙げたり、笑顔で拍手したりして喜んでいました。

『気持ちのいい反応ですね。今、あなたたちがしたような反応、誰かが言ったことなどに対してする反応を、何というでしょうか？』

と尋ねると、数人がすぐさま「リアクション」と答えました。

次に、リアクションの例を質問しました。

【表情】「びっくりした顔をする」「気持ちを顔でつくることができる」「顔のジェスチャーみたいな」「不思議な顔もできる」「じゃあ笑顔も」

【体】　「手を動かして伝えること」「〇〇さんが上手な頷き」「足も使う」「全身じゃない？」「ジェスチャーと同じ」「拍手」

【声】　「声で楽しい感じ、明るい感じを出すみたいな」「大げさな声とか」「大きさも変わる時があるよ、小さかったり」

などの言葉が出てきました。発表内容を【表情・体・声】の言葉でそれぞれをカテゴライズしてまとめます。

『すごいね、たくさん出てきましたね。授業の初め、ゲームをしますと言った時のみんなの反応がまさにリアクションでしたよね。とても嬉しいリアクションだったなあ…。だって、拍手したり両手を挙げて喜んでくれたり、明るい声で「イェーイ」とか「やったー」って言って嬉しいことを伝えてくれたりしたからね。やりたい気持ちが伝わってきて、授業が楽しみになりました。ありがとう。このように、リアクションは相手に自分の考えや気持ちを【表情・体・声】などで反応して伝えることです。相手のためにもなるんですよね。それでは、今日はそんなリアクションの力を鍛えるゲームをしましょう！』

とリアクションの意味と授業初めの子どもたちのリアクションを活用

してリアクションの価値を伝えました。

コミュニケーション指導のポイント　授業初めの子どもたちのリアクションを活用します。そして、リアクションのよさは相手のためになることでもあるということを教師の語りで感じとらせます。

(2)「お茶の間リアクションゲーム」を知り、練習する

シナリオ例

『テストの点が悪くって…』

母「お父さん、これ…」

父「何だ！この点数はっ！（怒）」

母「どうしてイキナリこんな点…」

弟「弟として恥ずかしいよ」

子ども「たっだいまーっ（何も知らず帰ってくる）」

父「何なんだ！このテストの点数は！！」

子ども「　　　　　　　　　　　　　　」

シナリオを知らせると、「面白そう！」「早くやりたい！」などの声や笑い声が聞こえてきました。この後、手順と賞の説明をします。

『グループでそれぞれの役になってセリフを言います。最後の空いている部分はグループで考えてください。そして、グループごとに順番に発表します。発表の時には、みんなが審査員になって賞を決めましょう。賞は、リアクションの【表情・体・声】の工夫がある「工夫リアクション大賞」と最後の子どものセリフでユーモアのあるリアクションができた「爆笑リアクション大賞」です。では、練習を始めましょう』

どのグループもさっと動き出して練習を始め、意欲の高さが見えました。また、練習中は教室中が楽しそうな笑顔でいっぱいでした。

コミュニケーション指導のポイント　教師は子どもたちが練習しているところに近づいていき、授業初めに確認したリアクションや笑顔で練習している姿などを積極的にほめて回ります。

(3) グループごとに発表し、視点をもたせた「賞」を決める

時間になったら、グループごと順番に前で発表です。

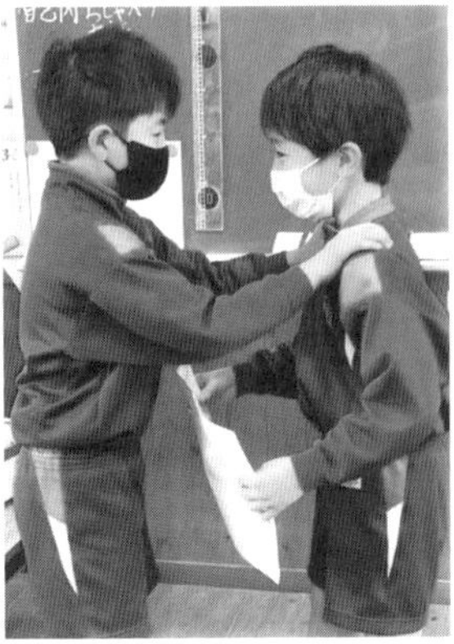

最初のグループでは、寸劇のスタートのタイミングが分からず戸惑う場面がありましたが、一人の子が立ち上がって
「先生、『3・2・1、アクション‼』で始めるのはどうですか？」
『いいね、いいね！みんな、どう？』
「終わったら、『カット！』って言おう」「そうしよう！」「それ、いいねえ！」
と決まりました。みんなで決めていくことで一緒に授業を創り上げていく空間づくりにもつながります。

賞を決める時には、そのグループを選んだ理由を話してもらいます。
「○グループはみんな役になったように体や声を使っていました。○○さんのお母さんは悲しそうな小さい声で、うまいなあと思いました。お父さんの○○さんは床を足で踏みつけていて、怒っていることがよく分かりました。弟の○○さんは震えていて、恥ずかしさが分かりました」
『役それぞれの気持ちがすごく伝わってきたリアクションだったよね』
「○グループは○○さんが最後になぜかお父さんを励ましていて、子どもの意外なリアクションが面白かったです。泣いてしまいました」
『ほんと、まさか！というリアクションで爆笑だったね』

コミュニケーション指導のポイント　審査した理由を伝えることは、互いに自分の考えや気持ちを相手に伝えることになります。相互のコミュニケーションを創り出すことで全員の満足感を高めます。

(4) ふり返りをする

ふり返りの視点として、「リアクション」「表情・体・声」などのキーワードを与えました。ただの感想ではなく、学びとして質の高いふり返りに変え、日常指導や今後の展開につなげることをねらいます。
「またやりたいし、次は『無言リアクションゲーム』をしたいです」「リアクションって、思いから勝手に体が動くんだと思いました」「人を明るくしたり楽しくしたりするのがリアクションなんだと思いました」

「細かいリアクションを初めて知りました。これからに生かしたいです」

4　発展と応用

低学年ではシナリオを簡単にして、リアクションの大切さを知ることにフォーカスしたゲームから始めます。主に、①笑顔②相手に体と目を向ける③うなずきやあいづちなど、視覚的にも分かりやすい身体表現にねらいをしぼります。よい例と悪い例の両方を体験させると、違いがはっきりします。終わったあとに感想を交流することで、相手が話しやすいリアクションに自らが気づくことができ、実践意欲も高まります。

シナリオ例

A「昨日は、家族で映画を観に行ったんだよ」

B「○○○○○○」

A「映画を観た帰りにね、レストランでハンバーグを食べたんだ」

B「○○○○○○」

高学年では、身体表現のカテゴリーを整理することで、理解も深まり、個人目標の設定にも活用できます。「表情・体の向き・目線・うなずき・あいづち・身ぶりや手ぶり・声・コメントや質問」など様々ありますし、一つ一つを深掘りしても学級の身体エネルギーが高まり、楽しさも増していきます。

年間のステップで重要なことは、教師が一方的に技術面を教えるのではなく、教室で子どもたちが表現した事実に対して価値付けながら、学級全体で共有していくことです。

教師が敏感に察知して共有していく姿勢が大切です。そうした実感を伴いながら身体的に体験する過程で、学級全体の身体エネルギーは高まっていきます。

第３章
コミュニケーション科の授業（3）即興力

❸演劇的コミュニケーション

即興！「なりきり対話」で相手軸と自己表現を接近させよう

大西　一豊（菊池道場大分支部）

1　ねらい

「演劇的コミュニケーション」とは、他者（ものや人物など）になりきって、そのなりきった他者の気持ちや考えを自分の言葉で表現する活動です。他者になりきることを通して、日常生活で温かい人間関係を築くために大事な「相手の気持ちや考えを想像して理解すること」を実感させ、その力を育てることをねらっています。

相手の気持ちや考えを想像しない言動では、よりよい人間関係は築けません。温かい人間関係を築くためには、相手の気持ちや考えも大切にしながら、自分のことを自分の言葉で伝えることが必要です。

そこで、自分と異なる他者（ものや人物など）になりきって気持ちや考えの想像を疑似体験できる「演劇的コミュニケーション」を取り入れます。なりきる体験を繰り返すことによって、他者の気持ちや考えを想像して表現することに慣れていきます。これは、相手に寄り添った立ち位置である「相手軸」を磨くことにもなります。

また、なりきって対話することで自身の考えを広げたり深めたりすることになり、一人ひとりの中に新たな気づきが生まれます。その気づきこそが、日常生活でも相手の気持ちや考えを理解しながら自己表現することにもつながっていきます。つまり、日常生活で相手の気持ちや考えを想像して自分のことを自分の言葉で表現する練習にもなるのです。
「演劇的コミュニケーション」は、「即興力アップコミュニケーション」と「身体表現」の活動のステップを段階的に踏んだあと、最後の即興力を鍛える入り口となります。これまでの活動でつけた力も生かしつつ活動に取り組み、即興的なコミュニケーションの力を育てていきましょう。

2　主な展開

(1) 主なねらい

他者の気持ちや考えを想像することについて、それぞれが即興的に物語の人物になりきった対話を行うことを通して、相手を大切にしながら自分のことを自分の言葉で表現できるようにする。

(2) 主な１時間の展開例

(1)「なりきる」の意味を共有する

○なりきったことのある経験を聞き合い、「なりきる」の意味を確認する

(2)「なりきり対話」のやり方と活動のねらいを知る

①「なりきり対話」のやり方の説明を聞き、活動の見通しをもつ
②教師が一人二役となってモデルを見せる
③具体的なイメージができたあと、活動のねらいを共通理解する

(3) ペアで「なりきり対話」をする

①ペアになり、役をジャンケンで決める（例　勝：桃太郎　負：鬼）
②自由に立ち歩いてペアをつくり、「なりきり対話」をする
③途中、モデルとなるようなペアが全員の前で発表する

(4) ふり返りをする

○成長ノートにふり返りを書き、発表する

授業のポイントは、物語を全員が知っていることです。あらかじめ物語を読み聞かせたりペアで物語の内容を確認する時間を取ったりなどするとよいです。また、場面設定やシチュエーションも重要です。物語のどの場面の人物になりきるかによって、やりとりする話が変わります。活動する前に、必ず子どもたちと確認しておきましょう。

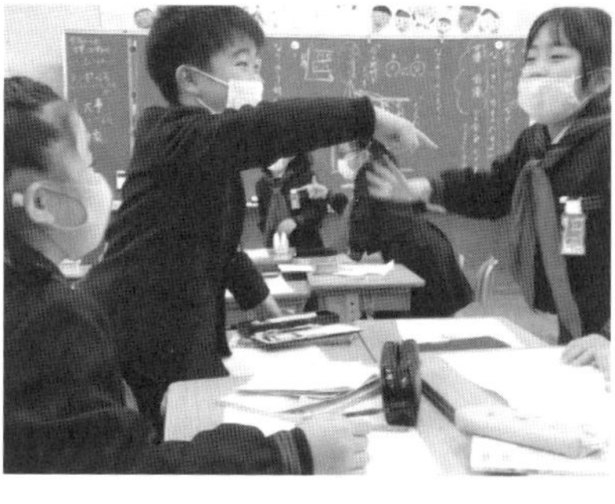

3　展開例

(1)「なりきる」の意味を共有する

『これから話すのは、昔々、拙者が戦いに行った時の話である』

　授業が始まって、いきなり話しました。子どもたちの目線がこちらに集まってきたところで、身体表現も入れながら話を続けます。

『戦いの場は、ある恐ろしい島。戦いでは、力のすべてを出し切った。3匹の強い仲間のおかげもあり、勝利することができたんだ。なんとも言えないぐらい嬉しかったなあ。村で待つおばあさん、おじいさんの喜ぶ顔が目に浮かんだぞ。奪われた宝や食料を村に持ち帰り…、』

「先生！桃太郎⁉」「あ！イヌ、サル、トリか！」「キジ、キジ！」

『よく分かりましたね！そうです、拙者は桃太郎です。』

　笑いと拍手が起こり、教室の空気が温まりました。

『先生は今、桃太郎に？』

「なっていた！」「女優みたい！」「ドラマの俳優みたいですね！」

『そうですね、女優さんや俳優さんのように、自分以外の何かにまるで本当になっているかのような姿を「なりきる」と言います』

　と話し、黒板に「なりきる」と書きました。

『みなさんは、何かになりきったことはありますか？』

「グルメレポーターになりきって、ごはんの感想を言ったことがある」

「ペットの犬になって、お父さんにワンワンって甘えたことがあります」

「ぼくは、ホークスの〇〇選手。こんなふうに（スイングを見せる）」

「お茶の間リアクションゲームで子ども役でした」

　少し照れながらも、子どもたちはなりきった経験を話していました。

コミュニケーション指導のポイント　教師が自らなりきる姿を見せて、全員で意味の共有と意欲の高まりをめざします。また、友達の経験を聞くことで意外な日常とのつながりを想起させます。

(2)「なりきり対話」のやり方と活動のねらいを知る

　まず、やり方を説明したあと、教師が一人二役となってモデルを見せました。子どもたちは、クスクスと笑ったりツッコみを入れたりしながら、活動のイメージをしっかりともつことができているように感じました。

「なりきり対話」のやり方

『桃太郎』

①全員が同じ物語で行う

②ペアでジャンケンをして、即興的に役割分担を決める

（勝：桃太郎　負：鬼）

③場面設定やシチュエーションを決めておく

【場面設定】物語が終わったその後

【シチュエーション】久しぶりに道でばったりと再会した２人

④人物になりきり、「お久しぶりです」から話し始める（1分程度）

⑤新しいペアをつくり、②～④を繰り返す

『この「なりきり対話」では、自分以外のほかのものになりきることで、人物の気持ちや考えを想像することができます。たくさんの友達と話をすることで、人物の気持ちや考えについて深く考えたり新しく気づいたりすることもできるでしょう。日常でも、相手のことを大切にしながら自分の言葉で表現すると仲良くなれますよね。だから、今日も本気でなりきって対話していきましょう』

と活動のねらいを説明しました。

コミュニケーション指導のポイント
活動のやり方を説明するだけではなく、「なぜするのか」という活動のねらいも説明します。板書などして、見えるようにするとより効果的に活動が進みます。

（3）ペアで「なりきり対話」をする

説明のあと、すぐにペアで「なりきり対話」を始めました。

まず、ウォーミングアップとして、座席のペアで行います。次から、ペアをどんどん入れ替えながら活動していきました。

実際の子どもたちの対話の内容は、「❶鬼が桃太郎に負け惜しみを言い続ける❷桃太郎が鬼の反省している様子を受け入れ、優しく励ましている❸今ならどっちが勝つか分からないから２回戦の日時を話し合っている❹桃太郎と鬼が仲直りをして、一緒に食事をするためのレストラン探しをしている」など様々でした。

活動の途中に、モデルとして全員の前で発表した❺の対話のやりとりを紹介します。

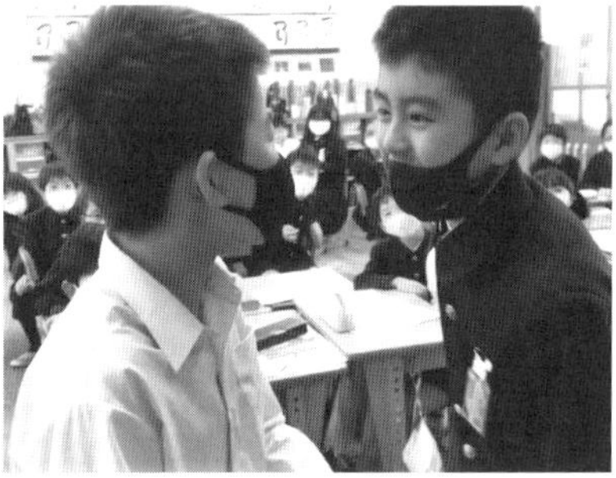

桃「お久しぶりですね」

鬼「桃太郎さん桃太郎さん、お腰につけたきびだんご、全部私にくださいなっ♪」

桃「お腹がすいているのですか？それなら、どうぞ」

鬼「あ…ありがとう。あの時も、ただお腹がすいていて…」

桃「そうだったんですね。話してくれればよかったのに。じゃあ、今からレストランにでも行きますか？」

鬼「いいですね。行きましょう、行きましょう」（レストラン探し）

子どもたちは、発表を聞いて、対話の展開の自由度を感じていました。このあと、なりきった人物に寄り添った言葉を自由に考えたり、予想外な話の展開でも即興的に続けたりする姿が教室に広がっていました。まさに、本気で相手になりきりながら、自分たちで創造している姿です。

コミュニケーション指導のポイント **教室を回りながら、子どもたちの様子を注意深く観察したり聞いて回ったりして、ほめコメントを伝えます。活動のレベルを高めることができます。**

（4）ふり返りをする

必ず、最後に気づいたことなどを交流し合うようにします。そうすることで、ねらいが子どもたちの中へ入っていきます。

「我を忘れてしまったかのように、なりきって話していた」「桃太郎らしさや鬼らしさを考えると、言葉が勝手に出てきた」「即興だったけど、自分で話を決めていけるから、自由に考えられた」「○○さんたちと違って、私は鬼が反省していると思ったので、静かな鬼になりました。それが、自分の個性かなと思います」「予想外な話の流れでも、そのまま話を続けていて、なりきって話すから自分じゃないけど自分みたいで面白かった。即興力も高まった」

4　発展と応用

低学年では、場面設定を「物語のその後」ではなく、物語の場面ごとの「なりきり対話」がおすすめです。例えば、『桃太郎』であれば、鬼ヶ島で戦う前の桃太郎と鬼の対話などです。物語の通りに話が進む場合や平和的に話し合いで解決する場合などが考えられます。

年間のステップとしては、「①グループでなりきり対話」「②教科学習などで活用」「③『なりきりインタビュー』へ発展」があります。

①は、なりきり対話のグループ版です。桃太郎・イヌ・サル・キジや全員が鬼などになりきって対話をします。シチュエーションは「久しぶりに集合して再会する４人」などです。人数も増えて、即興的になりきる人物を決めて対話を展開させるので、グループごとの違いがよりはっきり出てきます。

②は、国語科、社会科、道徳科などの様々な教科学習で活用できます。日常的な授業での関わり合いも増え、学級集団としての高まりも期待できます。

③は、一方が他者に、もう一方がインタビュアーになりきったインタビュー形式の活動です。学級の質問力と即興力の高まった時期に活動するとよいです。インタビュー報告会などすると、学級全体でダイナミックな学びが展開できます。

「演劇的コミュニケーション」は、即興力の総合体のようなものです。本気でなりきることから生まれる本物の「相手軸」は、きっと本当の「自分軸」を築かせ、「らしさ」を発揮した「自己表現」へと、さらに近づけていくことができると考えられます。

第 4 章

コミュニケーション科の授業（4）

自分らしさ力

総論

❶パフォーマンス力
❷スピーチ・プレゼンテーション力
❸論理的コミュニケーション力

第4章
コミュニケーション科の授業（4）

自分らしさ力（総論）

由川　裕治（菊池道場熊本支部）

1　本章で捉える「自分らしさ力」とは

コミュニケーション科では、民主主義の社会を担う一員として、主体的に判断、行動できる力を育成することをねらいとしています。周りに流されず自分の考えをもって行動できる力を「自分らしさ力」と表現しました。

本章では、「パフォーマンス力」「スピーチ・プレゼンテーション力」「論理的コミュニケーション力」を育てる活動を中心に行います。内容は、話すこと・伝えることが中心です。なぜそれらの活動が「自分らしさ力」につながるのでしょうか。

そもそも、なぜ私たち人間は「話す」のか、考えてみましょう。言語による高度なコミュニケーションを発達させてきたのは人間だけです。それは、人間だけが社会的な生物であり、「自分の思いを相手に分かってほしい」という承認欲求があるからです。心理学者のマズローは、承認欲求を満たされると自己実現欲求に向かうと示しています。つまり、話し方や伝え方を学ぶことは、自分らしさを発揮し、自己実現に向けての意欲を高めることになります。

コミュニケーション科では、つけたい力の一つに「意味や感情を、言語・非言語等を活用して伝え合う力」があります。現在の学習指導要領で必要とされている「主体的・対話的で深い学び」では、自分の考えや感情を何らかの形で伝え合う力が必要です。従来はインプット中心の学習でしたが、これからはアウトプットしながら必要な情報をインプットしていくことが求められます。「自分らしさ力」を伸ばすことが、アウトプット中心の学習をするための素地になります。

2　自分らしさ力育成のための実践

菊池道場では、コミュニケーション力を以下の公式で表現しています。

【コミュニケーション力＝（内容＋声＋表情・態度）×思いやり】

本章の「自分らしさ力」では、特にこの（　）内の力を身につけることをねらいとしています。スピーチ活動や簡単なゲームを通して、自分の思いを相手に適切に伝える表現スキルを学んでいきます。

（1）パフォーマンス力

【表情・態度】を育てるための活動です。パフォーマンススピーチ大会を通して、非言語情報の効果的な伝え方を学びます。身ぶり・手ぶりを使ったり、表情や目線を意識しながら話したりできるようにします。

（2）スピーチ・プレゼンテーション力

【内容】を伝えるための型を学ぶ活動です。ナンバリングとラベリングを使ったスピーチの型について学びます。「私の宝物」というテーマでスピーチをして、自分の伝えたいことを整理して伝えることができるようにします。

（3）論理的コミュニケーション力

話す**【内容】**を深めるための活動です。事実＋意見で内容を整理して話す話し方を学びます。「ほめ言葉レベルアップ大作戦」を通して、自分らしい話し方ができるようにします。

国語科と違う点は、それぞれにおいて「つながり」を大切にしていることです。ただ上手に話せればよいのではなく、「伝わることで相手と自分とのつながりができていく」ことを実感させながら活動を進めます。公式でいう「思いやり」です。コミュニケーションの公式では、思いやりが0なら全ての表現能力は0になります。それぞれの活動では、表現スキルを学んでいきますが、それはあくまで相手への配慮があってこそのものです。自分らしさを発揮していくことは、自分の主義主張を一方的に伝えることでなく、相手とつながるためのものであり、相手を理解するためのものであることを大切に活動を重ねていきます。

第4章

コミュニケーション科の授業（4）自分らしさ力

❶パフォーマンス力

非言語の表現力を伸ばすパフォーマンススピーチ大会

由川　裕治（菊池道場熊本支部）

1　ねらい

本項では、パフォーマンス力を「話すときの非言語情報（声・表情・態度・動き）」として捉えます。私たちは自分の思いを話す時に、自然と身ぶり手ぶりを使っています。相手に自分の思いを伝えたいという気持ちが、体の動きとなります。

欧米ではスピーチの時に意図的・効果的に身ぶり・手ぶりを用いています。日本の文化には、欧米のようなオーバーリアクションは馴染みにくいかもしれません。しかし、東京オリンピック開催地プレゼンスピーチでの滝川クリステルさんの「お・も・て・な・し」は、世界に日本の文化を分かりやすく伝えました。パフォーマンスが聴衆の心を掴んだよい例です。

パフォーマンス力を伸ばすということは、「どうすれば自分の考えを相手に伝えられるか」を考えるのと同じことです。相手に自分の考えを伝えるためには、相手の知りたいことや興味も把握する必要があります。つまり他者理解が自然と必要となり、つながりが深まります。

情報伝達の方法は話し言葉以外にも様々な方法があります。書き言葉、絵、図、サイン、ICT を使った表現など、一人ひとりの個性に合ったやり方を学ぶことで、個性を伸ばすこともできます。パフォーマンスを身につける活動を通して、表現する楽しさや自分の思いが伝わる喜びを、子どもたちにたくさん味わわせたいものです。

パフォーマンス力の学習を通して、子どもたちは話し言葉以外の非言語情報の大切さを学びます。そのことで、より自分らしさを発揮できるようになるでしょう。

2　主な展開

(1) ねらい

この活動では、パフォーマンススピーチ大会を通して、パフォーマンス力を活かして効果的に伝えることの大切さを学びます。スピーチ大会では原稿をいくつかの種類に限定することで､スピーチの内容ではなく、「パフォーマンス」に注目します。同じ内容でもパフォーマンスによって伝わり方が全く違うことを感じ、自分が話すときには常に「相手にどう伝わるか｣工夫しながら伝えようとする態度を身につけます。今回は、パフォーマンス力を身につけるための導入ですので、パフォーマンスは「表情、身ぶり・手ぶり」を中心に学びます。

(2) 1時間の主な展開

(1)「ジャスチャークイズ」をして、非言語に目を向ける

(2)「パフォーマンス力」(声、表情、態度、動き) とはどのようなものか、について考える

(3) パフォーマンススピーチ大会 (決められた原稿を誰が一番上手に伝えるか) をする

①4種類の原稿から、練習する原稿を選ぶ。
②個人で練習してパフォーマンスを考える。
③グループで練習して、非言語のよかったところを伝え合う。
④同じ種類の原稿を持っているグループで集まってスピーチ大会をする。

(4) パフォーマンスの大切さをまとめて、活動をふり返る

この授業のポイントは、場の雰囲気を温めながら活動することです。パフォーマンスは場の雰囲気に大きく影響されます。みんなで楽しく自分らしさを発揮しながら学び合う雰囲気をつくることが大切です｡最初、子どもたちにはパフォーマンスのイメージが湧きにくいかもしれません。有名人のスピーチ（TED）や全国で行われているプレゼン大会の様子など、具体的なスピーチを見せるとイメージを掴みやすいでしょう。

3　展開例

(1)「ジャスチャークイズ」をして、非言語に目を向ける。

『ジェスチャークイズです。先生は何の真似をしているでしょう。当ててください』

　いくつかのジェスチャーをする。動物、有名人、キャラクターなど。

「猿です！」「鬼滅の刃の煉獄さん！」

『今、みんなは先生のどこを見て答えが分かりましたか』

「動きです」「構えです」「顔です」

『そうですね。相手に何かを伝えようとするときに、私たちは言葉を使います。しかし、言葉以外にも相手に伝える方法があります。それらのことを「パフォーマンス」と呼びます』

コミュニケーション指導のポイント　**教師が思い切ったジェスチャーをすることで、教室に楽しむ空気を演出しましょう。子どもたちの実態に合わせて、流行しているものなどに、チャレンジしましょう！**

(2)「パフォーマンス力」とはどのようなものか、について考える

『言葉以外の伝える方法には、どのようなものがあるでしょうか』

「図や絵に描く」「演じる」「タブレットとかを使う」

『そうですね。パフォーマンスを上手に使って相手に伝える力のことを「パフォーマンス力」と呼びたいと思います』

『パフォーマンス力があると、どんなよいことがありますか』

　パフォーマンスの価値を全体で確認して、活動の目的を示します。

「自分の伝えたいことを伝えやすくなる」

『そうですね。間違って伝わることも減るでしょうね』

「仲良くなれそうです」

『そうですね。相手のことをもっと理解することができたら、仲良くなれるでしょうね。では、今日はみんなでパフォーマンス力を身につけるための、パフォーマンススピーチ大会をしましょう』

「やったー！楽しそう！」「できるかな～？」

コミュニケーション指導のポイント 子どもたちの発言を補いながら、パフォーマンス力をつけることが、学級のつながりを深めることに気づかせます。

(3) パフォーマンススピーチ大会をする

◯パフォーマンススピーチ大会の展開

①4人グループに4種類のスピーチ原稿を配る。原稿は児童の実態に応じて工夫をする。30秒程度

例：運動会の感想、夏休みの思い出など、児童にイメージしやすいもの。

②個人で練習してパフォーマンスを考える。

③グループで練習して、非言語のよかったところを伝え合う。

④同じ種類の原稿を持っているグループで集まってスピーチ大会をする（時間に応じて、各グループの代表者が全体の前でスピーチをすると、パフォーマンスのよさを共有することができる）。

①『やり方を説明します。今からグループにA・B・C・Dの4種類のスピーチの原稿を配ります。一人1枚選びます。まず、先生が1つずつ読んでみますので、読めない漢字があればふりがなをつけてください』

教師が読んで内容を確認します。必要があれば漢字にふりがなをつけ、全員が確実に読めるようにします。4人グループに4種類の違った原稿を用意することで、互いのパフォーマンスを比べ合うことなくアドバイスがしやすいようにします。

②『内容は分かりましたね。今日はパフォーマンス力の基本になる「動き」と「表情」を工夫してみましょう。原稿を伝えながらどんな動きや表情をすると伝わりやすいでしょうか。では、パフォーマンスを入れて練習をしてみましょう。時間は3分です』

一人で読みながら練習をします。恥ずかしがる児童などには、具体的な動きをアドバイスしたり楽しむ雰囲気を大切にしたりして、楽しんでできるようにします。

『◯◯さんは、数字を指で表しています。分かりやすいなあ』

『◯◯さんは、笑顔がいいなあ。聞きたくなるなあ』

児童の練習を見ながら、よい点を全体で共有しましょう。

③『では、グループで練習をします。一人ずつスピーチをしましょう。もし、友達が困っていたり迷っていたりしたらアドバイスをして応援しましょう。スピーチが終わったら、その友達によかったところを伝えましょう。時間は７分です』

「手の動きで、気持ちがよく伝わってきて上手だったよ！」

「表情がうまいね。少し悲しそうなところがよく分かったよ」

④『では、同じ原稿を持っているグループでパフォーマンススピーチ大会をします。スピーチのあとにはよかったところをそれぞれ伝え合いましょう』活動しやすい場所を指定する。時間に応じて代表を決めたり全体の前で発表させたりしてもよい。

コミュニケーション指導のポイント 非言語のよさを取り上げて、どんどん評価しましょう。子どもたち同士でも、よかったところをたくさん伝え合うことが、スピーチをする自信につながります！

(4) パフォーマンスの大切さをまとめて、活動をふり返る

『友達のどんなパフォーマンスがよかったですか』

「身ぶり手ぶりが分かりやすかったです」「楽しい内容は笑顔で話していました」「真似をしながら話をしていて、分かりやすかったです」

『学級のパフォーマンス力が伸びると、どんな学級になりますか』

「仲がいいクラス！」「楽しいクラスになりそう！」「絆が深まるクラスになりそうです」

『そうですね。パフォーマンス力が伸びれば、もっとよいクラスになりそうですね』

コミュニケーション指導のポイント コミュニケーションの楽しさやパフォーマンスの効果などを実感している子どもの感想を取り上げて、学級全体にパフォーマンス力を伸ばしていこうという雰囲気をつくりましょう。

4　発展と応用

(1) 低学年

低学年では、原稿の内容を簡単にして、児童の実態に応じたものにします。児童が経験のあるような内容で、パフォーマンスが分かりやすいものがよいでしょう。

【例】・単元の終わりに学習の感想を伝える。
　　　・発表会や運動会の頑張ったことを伝える。
　　　・授業参観で、学校で学んだことを発表する。

低学年の子どもは、周囲の目を気にすることも少ないので身体いっぱいを使ってオーバーに表現するでしょう。第一に表現する楽しさをみんなで味わいながら、適切な表現方法をみんなで検討するといいでしょう。慣れてきたら実際の授業でも自分の考えを表現する際にパフォーマンスを使っていきます。活用している児童を取り上げながら、みんなで楽しんでパフォーマンス力を伸ばしたいものです。

(2) 高学年

高学年では、低･中学年より、より公の場で話す機会が多くなります。委員会活動やクラブ活動、総合的な学習の時間などでも人前で話す場面が多いはずです。実際の場面を例に出しながら、パフォーマンス大会を通して、適切な表現方法を学んでいくことが大切です。パフォーマンスの技能向上もめざしましょう。黒板に書きながら話す、物を見せながら話す、ICT を使って話すなどのパフォーマンスもできると、表現力の幅が広がります。

また、有名なスピーチ動画などを手本にしながらパフォーマンスを主体的に学んでいく学習も展開できます。YouTube の普及により、動画での効果的な表現方法に子どもたちの多くは慣れ親しんでいます。今までのパフォーマンスに固定概念をもたずに、教師も一緒になって多様な表現方法を模索したいものです。

第4章
コミュニケーション科の授業（4）自分らしさ力

❷スピーチ・プレゼンテーション力

話すことが好きになるスピーチ大会

由川　裕治（菊池道場熊本支部）

1　ねらい

自分の話したいことが相手に伝わった時の喜び、または自分の言いたことが相手にうまく伝わらなかった時の歯痒い感じ…。誰もが一度は味わったことがあるのではないでしょうか。話すということは、社会において人と人をつなげる一番身近なコミュニケーションです。

国語科のスピーチ指導の内容は、スキル面の指導に重きが置かれていて、単元も単発で、実生活に生きるものにはなっていなかったようです。

コミュニケーション科では、話すということを「自分らしさを伸ばして人とつながるための手段の一つ」と捉えます。したがって、スピーチの場面においても子どものよさやその子らしさを見つけて伸ばします。特に初めの段階では、人前で話す経験がなかったり、今までの失敗体験から苦手意識をもっていたりする子どもがいることが予想されます。そのような子どもでも安心して話せる雰囲気をつくるために、まずは教師が子どもの非言語に注目し、その子の頑張りやよさをたくさん認めてあげることが大切です。うまく言葉が出てこない子がいても、インタビュー形式にして言いたいことを引き出してあげたり立って話そうとしたその頑張りを認めてあげたりしながら、その子なりのよさを認めましょう。教師の「子どもに失敗体験をさせない」「絶対に恥をかかせない」「スピーチ活動を通して温かい学級をつくる」という覚悟が大切です。うまく話させるのではなく、その子らしく自分の思いを一生懸命話せるようなスピーチ活動をめざしたいものです。

導入では安心して話すための「型」を教えますが、慣れてきたら子どもたちが自分なりの工夫をしてスピーチを楽しめるようにしましょう。

2　主な展開

(1) ねらい

簡単なスピーチ大会をします。ペアやグループでスピーチを行い、相手のよさを互いに伝えながら、話すことの楽しさを味わわせます。自分の大切なものを紹介することで、つながりをつくるきっかけにもなります。実物を見せながら話すと、パフォーマンス力の練習にもなります。

スピーチをするときには、ナンバリングとラベリングを活用します。ナンバリングとは、「理由は3つあります。1つめは、～」と内容を箇条書きのように構成して話す話し方です。ラベリングとは、「1つめは、○○です。なぜなら～」と構成の1つずつにラベル（名前）をつけて話す話し方です。この2つを使うことで、自然とスピーチの内容が構造化され、伝えたいことが分かりやすく伝わるようになります。

(2) 1時間の主な展開

(1) ペアで簡単なテーマの即興スピーチをする

(2) 即興スピーチから、非言語のよさを見つけてコミュニケーションの公式を確認する

(3)「わたしの宝物」スピーチ大会をする

①原稿を書く。（ナンバリングとラベリングを使う）

②ペアで発表する。（内容、声、表情、態度を意識する）

③グループで発表して、代表を決める。

④代表者が全体の前で発表し、ベスト3を決める。

(4) ふり返る

【コミュニケーション力＝（内容＋声＋表情・態度）×思いやり】

コミュニケーションの公式を確認することで、子どもたちが内容ばかりに気を取られずに、自分の話し方を意識することができるようにします。また､それは友達のよいところを見つける視点にもなります。ペア、グループと発表を繰り返すことで､子どもたちがどんどん自信をつけて、話す意欲が教室に広がるスピーチ大会にしましょう。

3　展開例

(1) ペアで簡単なテーマの即興スピーチをする。

『ペアで簡単なスピーチをします。スピーチとはあるテーマについて自分の考えを話すことです』「スピーチ？できるかなあ」『大丈夫です。時間は30秒なのであっという間です。テーマは、【最近ハマっていること】です。まず、先生がやってみますね』

～教師の手本を見せる～（始め・中・終わり・結び）の簡単な構成を押さえたスピーチの型を示す）

『私が最近ハマっていることは、鬼滅の刃です（始め）。なぜなら…です。最近映画を観に行きました。～がとてもおもしろかったです（中）。これが私が最近はまっていることです（終わり）。ありがとうございました（結び）』（話型を板書する）

「先生、最近ハマっていることがない人はどうすればいいですか？」

『なるほど、いい質問ですね。◯◯さんは、お家で何をして過ごしていますか』「動画を観ます」『どんなチャンネルを観ますか？』「ゲームの解説とかです」『いいですね～、じゃあその動画について話したらどうですか』「あ、それでいいんですね。分かりました！」『◯◯さんのように、分からないことを質問することはとても大事です。もし、話題が見つからなかったら、ペアの人が質問してあげると見つかりますよ』

スピーチを「一人が話すもの」と固定し過ぎず、コミュニケーションの1つと捉えて、ペアで楽しい時間が過ごせるようにしましょう。

『では、ペアでやってみましょう』

教師は、スピーチの様子を見ながら、笑顔で楽しでいるペアを見ておきます。スピーチをしたあとに、

『スピーチをしてみて、どうでしたか』

『スピーチができると、どんないいことがありますか』

『スピーチをが上手になると、どんな学級になりますか』

などの質問をして、全体でスピーチのよさを共有します。

コミュニケーション指導のポイント アイスブレイクとしての活動です。場を温めるために教師が思い切ったお手本を見せること、自信がない子は友達がサポートするなどの安心感を教室につくることが大切です。

(2) コミュニケーションの公式を確認する

【コミュニケーション力＝（内容＋声＋表情・態度）×思いやり】

コミュニケーションの公式について、説明します。

『さっき、○○さんが笑顔で話していました。表情って大切ですよね』『○○さんの声は、離れている先生にも聞こえました。はっきりとした声も大切ですね』など、子どもたちの活動の様子を伝えながら公式を説明すると、子どもたちにとっても実感が湧きやすいです。

コミュニケーション指導のポイント 公式の中で一番大切なのは、【思いやり】です。相手のことを考えながら、伝わりやすいように工夫することが大事だということを確認しましょう。

(3)「私の宝物」スピーチ大会をする

①原稿を書く（ナンバリングとラベリングを使う）

ナンバリングとラベリングの話型が入ったシートを配布して、スピーチ原稿をつくります。児童の実態に応じて、事前にシートを配布しておき、原稿をつくっておくようにしてもいいです。

【スピーチ原稿の型】

わたしの宝物を紹介します。わたしの宝物は、（　　　　　）です。
わたしが（　　　　）を大切な理由は、○つあります。
1つめの理由は、（　　）です。（詳しい説明）＿＿＿＿＿＿＿＿＿＿。
2つめの理由は、（　　）です。（詳しい説明）＿＿＿＿＿＿＿＿＿＿。
3つめの理由は、（　　）です。（詳しい説明）＿＿＿＿＿＿＿＿＿＿。
だから、わたしにとって（　　）は大切な宝物です。これで、スピーチを終わります。ありがとうございました。

理由の数は実態に応じて変えてもいいです。（詳しい説明）をどれだけ詳しく書くかも子どもたちの実態とスピーチの時間に応じて調整します。たくさん書ける子は、時間と話すスピードの兼ね合いを考えさせながら聞き分量を工夫できるようにします。

②ペアで発表する

『では、発表の練習をしましょう。まず、原稿を何度か読んでできるだけ紙を見ないで話せるようになりましょう。3つの内容を覚えると話しやすいですよ』

実態に応じて「読むスピーチ」でなく「話すスピーチ」ができるように練習します。1分間時間を計りながら全員で一斉に読む練習をします。まずは内容を覚えて時間感覚をつかませましょう。

『では、ペアの人に発表してみましょう。聞く人は、聞いたあとにペアの人のよかったところを伝えましょう』

スピーチの様子を見ながら、『笑顔がいいなあ』『目線がしっかり向いているなあ』など、非言語のよさを伝えると、子どもたちがペアの相手のよさを見つけるヒントになります。

③グループで発表する

④代表者数名が全体の前で発表し、ベスト3を決める

発表者には、聞いた人がよかったところを伝えます。互いにどんどんプラスの評価を与えて、スピーチの楽しさを実感させます。楽しさを感じることで、少しずつ子どもたちがオリジナリティを求め工夫するようになってきます。

『では一番よかったと思う人を、「せーの」で指さしましょう』などの方法でグループ代表を決めたり、挙手でベスト3を決めたりします。

コミュニケーション指導のポイント お互いによさを伝え合うことが、スピーチの楽しさにつながります。よさを見つけるポイントは、非言語（表情、態度）です。教師がほめ方の手本を示して、全体に広げましょう。

（4）ふり返る

互いの頑張りを認め合って、「スピーチが楽しかった」「もっとやってみたい」といった言葉を全体で共有し、次の活動につながるようなふり返りにしましょう。

4　発展と応用

ここでは、中学年の導入時をイメージし、スピーチの時間は１分間としています。子どもたちがスピーチに慣れてきたら、時間を伸ばしていきましょう。低学年なら30秒から１分へ、中学年なら１分から２分、高学年なら２分から３分へと、時間を増やしてスピーチ力を伸ばしていきます。

(1) 低学年は、話型を絞ってさらに簡単にしながら、全員が話せる内容にします。人前で話した経験がほとんどない子もいます。理由も３つではなく、１つか２つでもいいです。また、説明がうまく言えない場合は宝物とその理由だけでもよいと思います。教師は加点法の意識を忘れずに、少しでもできたところを伸ばす気持ちで励ましていきましょう。なかなか言葉が出ない子には、インタビュー形式にするのも有効です。『ゲームが宝物なんだね。何のゲームを持っているの？』と具体的に聞いてあげます。声は出せなくてもうなずくなどの自己表現があれば、それを受け止めて教師が説明してあげます。そんな教師の姿を見た子どもたちは、次からすすんで友達のスピーチのサポートをするようになります。

(2) 高学年では、話し方もナンバリング以外にエピソードトーク（宝物の思い出を物語のように話す）を入れてもよいです。また、慣れてきたら発表資料などを作ってよりプレゼンテーションに近い形にしていきます。スピーチは一度経験したからといって、上手に話せるようにはなりません。たくさん経験することが大切です。朝や帰りの１分間スピーチ、授業で自分の考えを話す、話を聞いた感想を話す、など１日の様々な場面でスピーチの場を設定してくと、子どもたちも自信をつけていきます。また、各教科の内容と関連させながら、プレゼンテーションの力も伸ばしましょう。より聞き手を意識した話し方ができるようにしましょう。

第4章
コミュニケーション科の授業（4）自分らしさ力

❸論理的コミュニケーション力

伝え方が身につく、ほめ言葉レベルアップ大作戦

由川　裕治（菊池道場熊本支部）

1　ねらい

論理は、思考や議論を進めていくための筋道です。論理的と聞くと、聞き手に有無を言わさず冷徹に言いくるめるような印象をもつ方がいるかもしれません。齋藤孝氏は著書『論理的な話し方の極意』（宝島社）で、「非論理的な人ほど、近視眼的で『わたしが、わたしが』となってしまい、自意識が強く出過ぎるあまりに、多様な視点を持つことができません。自分にしか興味を持てない人は、自分以外の他人や周囲への関心が希薄になります」と述べています。論理的思考ができるようになるとは、相手目線になって考える「思いやり」が身につくということです。

ここでは、論理的な思考の中でも基礎となる「自分の考えを分かりやすく相手に伝えること」を学びます。コミュニケーションの公式【コミュニケーション力＝（内容＋声＋表情・態度）×思いやり】の（内容）の伝え方にあたる部分です。「事実」と「意見」の違いを知り、それらを分けて話せる力をつけます。活動では友達のよいところを見つけて、その理由をつけて話す練習をします。理由をしっかり言えるようになることは、自分の考えを表現できることにもなります。それは、自分らしさの発揮につながります。また、学びが他人事ではなく自分事になって、学びに向かう姿勢が主体的になります。自分の意見をもつということは、人間としての自立を促していくのです。

友達のよいところを上手に伝えることができるようになると、集団のつながりが強くなります。学校生活の様々な場面で、よいところを見つけて伝え合う姿が増えてきます。お互いによさを伝え合うことで、自分自身のよさに気づき、伝えることにも自信をもつようになります。

2　主な展開

(1) ねらい

「ほめ言葉レベルアップ大作戦」という活動を通して、友達へのほめ言葉の伝え方を学びます。具体的には、事実と意見を分けて話すことと、自分らしい理由をつけて話すことの大切さを学習します。

ペアやグループでほめ言葉を考えながら、内容を楽しくレベルアップしていきます。ほめ言葉が豊かになることが、友達とのつながりを強くし、お互いの自分らしさを発揮していくことを感じられるようにします。

(2) 1時間の主な展開

(1)「したこと作文」を書く（今日家から学校に来るまでにやったことを簡単な作文にする）

①「事実＋意見」で、作文を書く。

②友達の作文を聞いて、ほめ言葉を考える。

(2)「ほめ言葉レベルアップ大作戦」をする

○ペアでほめ言葉を考えながら、具体的な表現を学ぶ。

(3) グループでほめ言葉を考え、チャンピオンを決める

(4) ふり返る

「したこと作文」を書いて発表し、ほめ言葉を考えます。教師がよさを見つけながら子どもたちに広げていきます。子どもと一緒に事実と意見の文の作り方や友達のよいところの見つけ方を共有しながら、ほめ言葉をレベルアップさせていきます。

活動ではペアやグループで相談しながらほめ言葉の内容を吟味します。ほめ言葉の言い方は、「事実（1点）意見（1点）」など、点数をつけます。具体的なキーワードが入れば点数を加点します。例えば、数字「○回も」「○秒で」、セリフ「○○と言っていました」、比喩表現「まるで○○のようで」、熟語などをキーワードとして、点数を加点します。より具体的な言い方をすると加点され、内容も充実します。

3　展開例

(1)「したこと作文」を作る

①事実＋意見で作る。

作文の作り方を説明します。作文は、事実１文＋意見１文から始めて、書けそうな児童は、文の数を増やすようにするとよいです。

【事実（したこと）】	+	**【意見（思ったこと）】**
①「朝起きました」		①「眠かったです」
②「朝起きました。学校にきました」		②「眠かったです。間に合ってよかったです」

以上のような例文を示すと子どもたちも作りやすいです。

②友達の作文を聞いて、ほめ言葉を考える

子どもたちが書けたことを確認し、列指名などで作文を発表させます。教師や子どもたちで発表した子のよいところを見つけながら、ほめ言葉を作る視点や伝え方を紹介しましょう。

～教師や子どもの言葉かけの例～

『今○○さんは体をみんなの方に向けて話しました。正対してとても礼儀正しいですね』

「○○さんは、教室全体にひびく声で聞きやすかったです」

もし、作文は書いたけど読めない子がいたら、

『えらい！ちゃんと書いてる！きっと○年○組は優しい人がいっぱいだから、一緒に読みたいって言う人がいるんじゃないかな？』

などの言葉で、発表する子、周りの子がどちらも頑張りを認められるような言葉かけをしましょう。

『事実＋意見で作文が作れましたね。今度は友達のよいところを事実＋意見で伝えて、ほめ言葉レベルアップ大作戦をしましょう』

コミュニケーション指導のポイント　児童の非言語に特に注目しながら、よいところを見つけて伝えることで、児童も教師の真似をするように友達のよいところを見つけられるようになります。

(2)「ほめ言葉レベルアップ大作戦」をする

○ペアでほめ言葉を考えながら、具体的な表現を学ぶ。

『どうすれば、もっとよいほめ言葉になると思いますか。ペアで相談してみましょう』

「事実とか意見を増やせばいいんじゃないかな」

『では、今度はペアで一緒にほめ言葉をつくってみましょう』

代表を指名し、みんなの前で作文を読んでもらいます。その子のよいところをみんなで考えることを伝えます。発表させる前に、

『立って席に着くまでが発表だから、そんな動きの中にもきっとよいところがあるだろうな』

などの言葉をそれとなく話しながら、子どもたちが発表者の動作一つ一つに着目できるようにするとよさがたくさん見つかります。

『では、ペアでほめ言葉を考え発表しましょう』

「○○さんは、立って３秒くらいで前に立ちました。行動が素早いなと思いました」

『なるほど、○秒みたいに数字を入れると具体的になりますね』

「○○さんが、『ほえる犬がいて怖かったです』と言ったところがいいなと思いました」

『いいね。○○さんが話したことを使って言うとよく分かりますよね』

子どもが使った言葉を分類しながら、具体的な伝え方についてまとめます。もし、子どもたちの中から出ない表現については、教師が実態に応じて付け加えてもよいと思います。また、子どもたちの言葉を以下のように黒板に整理しながら具体的な伝え方についてまとめましょう。

- 事実「～していました」
- 意見　「～と思いました」
- 数字「〇回」「〇秒」など
- セリフ「〇〇と言っていました」など
- 比喩「太陽のような笑顔」など
- 熟語　「周辺に気をつけて…」など

コミュニケーションの公式を示しながら、友達のよさを見つける視点も確認するとより具体的なほめ言葉が作れるようになります。

コミュニケーション指導のポイント 子どもたちと一緒に具体的な表現をつくります。教師は子どもたちが使った表現をほめたり補ったりすることで、子どもたちはほめ言葉を伝える楽しさを感じていきます。

(3) グループのほめ言葉を考え、チャンピオンを決める

『グループでほめ言葉を考えましょう。今回は具体的な表現に点数をつけます。チャンピオンをめざして、いいほめ言葉を考えましょう』

表現の具体的な点数は子どもたちと一緒に考えましょう。実態に応じて点数を調整し、子どもたちの意欲が高まるようにします。

※ここでは、今までの活動と同じように「したこと作文」のほめ言葉を考えてもよいですが、別の内容にしても構いません。ほめる対象の活動を変えるとほめ言葉も変わるので、新しい工夫が出やすくなります。

～スピーチ後の代表者によるほめ言葉～

「○○さんは、席を立って前に行くまでにすっと歩いて出ました。私だったら緊張するのに、さっと行動して中学生みたいでした」

『さすがです！みんな、今のほめ言葉は何点ですか？』

「事実と意見と比喩と熟語があるから○点です」

『素晴らしいですね。友達が歩く姿を見て「中学生みたいだな」と感じる□□さんの見方も、友達の頑張りを見つけていてとてもいいなと思いました。発表した友達とグループに大きな拍手を贈りましょう』

コミュニケーション指導のポイント ほめ言葉を工夫することが、自分らしさの発揮と学級の絆を深めている。

(4) ふり返る

コミュニケーション指導のポイント 子どもたちの感想から、具体的な表現方法を工夫する大切さと、ほめ言葉を伝え合うよさを全体で共有します。

4　発展と応用

今回のような、「友達のよいところを見つけてほめる」活動は、学校生活の様々な場面で設定できます。菊池実践の1つである「ほめ言葉のシャワー」や授業のふり返りなど、友達のよさを伝える場面で学んだ伝え方をどんどん活用しましょう。

⑴ 低学年では、まずしっかり作文を書けることが自信をもって表現できることにつながります。必要があれば活動までに「したこと作文」を書く練習をしておくと、スムーズに書けます。また、友達のよいところを見つけて伝えることにも慣れておくと、本時の活動で表現が工夫されやすくなります。

ほめ言葉を考える活動では、「したこと作文」の書き方を元にして、事実＋意見の伝え方を練習していきましょう。友達のよいところを見つけられたことをしっかりほめて、認めてあげましょう。伝え合う楽しさをたくさん経験させることが、「話したい」「伝えたい」という子どもの気持ちを伸ばします。話し方は、年間を通して成長を見つめながら、少しずつ定着させていきましょう。

⑵ 高学年では、「したこと作文」でなくても、簡単なテーマのスピーチでも実践できます。実態に応じて、「1分間スピーチ」「授業の感想」など学級に適切な活動を設定しましょう。

高学年では事実と意見の区別を意識しながら話せるようになることが大切です。そのために、定期的に自分の考えをノートに書いて言葉を吟味する活動を設定しましょう。事実と意見が入っているか別の表現方法はないかと、見直して工夫する習慣が身につくと表現力が高まります。また国語科の学習と関連させながら、四字熟語を入れたり、故事成語を使ってもよいでしょう。

第 5 章

コミュニケーション科の授業（5）

対話・話し合い力

総論

❶会話・雑談
❷少人数での対話・話し合い
❸ディベート的な話し合い

第5章
コミュニケーション科の授業（5）

対話・話し合い力（総論）

近藤　史親（菊池道場三河支部）

1　「考え続ける人」を育てる

子どもたちの対話・話し合い力を育てることは、菊池道場がめざす子ども像である「考え続ける人」を育て、「民主的なよりよい社会を創る人」を育てることにつながります。

対話・話し合いは、子ども同士の温かな関係性の上に成り立ちます。まず相手のことを知り、そして相手のことを受け入れることが大切です。日々の菊池実践においては、朝の会の「質問タイム」を通して相手のことを深く知ることと、帰りの会の「ほめ言葉のシャワー」を通して相手のことを認め、受け入れることに当たります。

対話・話し合い力で必要となるのは、他者を思いやる心、共感し理解しようとする心、すなわち【相手軸】の意識です。相手の立場に立ち、相手のことを考え、相手に寄り添うことは、自分のことを客観視することにもつながり、メタ認知能力も向上します。

共感する力やメタ認知能力は、脳のミラー・ニューロンやブローカ野に関係していると言われています。これらは言語や運動と密接に関連していると言われています。教育活動全体を通した様々な言語活動によって言語的コミュニケーション力を鍛えるとともに、表情や身ぶり手ぶりなどの非言語的コミュニケーションを子どもたち自身が意識して活用することで、共感する力やメタ認知能力が育まれます。これらを通して子どもたちの温かな関係性がさらに深まり、良質な対話・話し合いが行われることになります。

これらの過程の中で、子どもたちは「考え続ける人」「民主的なよりよい社会を創る人」に育っていくと考えます。

2 「対話・話し合い力」育成の３段階

コミュニケーション科では、対話・話し合い力の育成を次の３段階でめざします。第１段階は「会話・雑談力」の育成です。第２段階は「少人数での対話・話し合い力」の育成です。そして第３段階は「ディベート的な話し合い」です。

まず第１段階の「会話・雑談力」の育成です。うなずきやあいづちなどの非言語的コミュニケーションを活用しながら、相手を理解し、好きになり、一緒に成長するために必要な共感する心を育みます。それらを通して、子どもたち自身の力で温かな関係をつくれるように促していきます。

第２段階の「少人数での対話・話し合い力」の育成では、話し合いの規模を拡大させます。「自由な立ち歩き」での対話・話し合いを通して、他者と協力して学ぼうとする姿勢を高め、子どもたちの思考をさらに深めていきます。

第３段階の「ディベート的な話し合い」は、学級ディベートの導入となる授業です。教師が子どもたちの意見を交通整理しながら行います。この学習を通して、意見と理由をセットにすること、引用や質問をすること、人と論を区別することなどを学びます。それらの技術を身につけるとともに、みんなのために互いに意見を成長させ合うことの意義を学びます。

これらの３段階の学びを通して、「対話・話し合い力」を高め、「考え続ける人」、「民主的なよりよい社会を創る人」を育てたいと考えます。

三河支部が考える対話・話し合いのコミュニケーション全体像

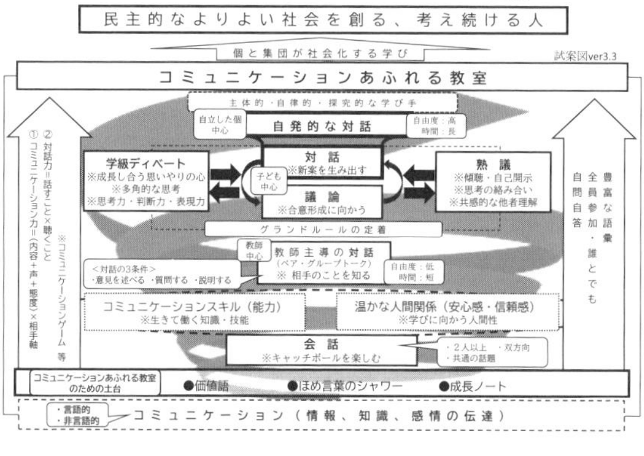

第５章
コミュニケーション科の授業（5）対話・話し合い力

❶会話・雑談

「名刺で会話ゲーム」を通して「会話・雑談力」を高めよう

近藤　史親（菊池道場三河支部）

1　ねらい

子どもたちは日々､学校での休み時間で会話や雑談を楽しんでいます。会話や雑談を通して、特定の子と無意識に関係を深めています。会話・雑談には、他愛もない話をし、内容よりも他者とのやりとりを楽しむ中で人間関係を円滑にする役割があると考えられます。

しかし、無意識に行われる会話・雑談は気心の知れた特定の子との間だけで行われがちです。この授業では、体験を通して会話・雑談のもつ意味や、やり方を学びます。子どもたち自身が温かな人間関係をつくるために意識的に会話や雑談を活用できるようにしていきます。

対話や話し合い活動を通して新たな考えをつくり出すためには、子ども同士の温かな関係性が必要不可欠です。その関係性をつくり上げるのが、会話や雑談です。子どもたちは他者との安心できる温かな人間関係の中で、思考力を発揮し、より深い考えを練り上げていくのです。

この授業では､「名刺で会話ゲーム」を行います。様々な他者と会話をし、関係をつくっていく楽しみを味わいます。活動全般を通して、非言語的コミュニケーションを意識することが大切です。共感的にうなずいたり、あいづちを打ったり、表情等を工夫したりして会話をします。また､自己開示をすることで他者との心理的距離が縮まる経験もします。ゲームのレベルを調節し、変化のある繰り返しの中で、子どもたちの気づきを促します。教師はそれをほめて、認めて、励ましていきます。

会話･雑談力を向上させるこの学習では、温かな関係を構築する力や、多面的・多角的な思考力の基礎を身につけます。このことは次の「少人数での対話･話し合い」や､「ディベート的な話し合い」に生かされます。

2　主な展開

（1）主なねらい

「名刺で会話ゲーム」を通して、他者と会話・雑談することの楽しさに気づき、言語や非言語のコミュニケーションの大切さを実感できる。

（2）1時間の主な展開

（1）会話・雑談って何だろう？

①会話・雑談の写真から気づくことはなんだろう？

②会話・雑談のグランドルールを確認しよう。

（2）「名刺で会話ゲーム」（自由な立ち歩き形式で）

①ルール説明とモデル演示。

②「名刺で会話ゲーム」を行う。

③ペア→グループ、会話の設定時間、内容のレベルを変えて会話を楽しもう。

（3）ふり返り

①感想を書く。→この１時間で大事だと感じたキーワードを書く。

②自由な立ち歩きの雑談形式で感想交流を行う。

最初に、子どもたちの日常の場面から、会話･雑談に焦点を当てます。改めて会話・雑談とは何だろうかということを考えます。その中での子どもたちの気づきから、教師が会話・雑談のポイントやグランドルールを確認していきます。

次に、実際に「名刺で会話ゲーム」を行います。画用紙に、名前と、会話・雑談のきっかけになることを子どもが書き、名刺を作ります。その名刺を基にしてペアやグループで会話・雑談を行います。活動は自由な立ち歩き形式で行います。普段、会話・雑談は様々なスタイルで行われています。会話・雑談のスタイルも子どもたちが工夫します。

最後にふり返りを行います。気づいたことや感想を書くとともに、この１時間で自分が大事だと感じたキーワードを名刺に書きます。それを基に、最後も自由な立ち歩き形式で、感想を様々な友達と交流し合います。

3　展開例（中学年）

(1) 会話・雑談って何だろう？

あらかじめ撮っておいた写真を黒板に貼っていきます。子どもたちが休み時間に楽しそうに会話をしている写真や、職員室の湯茶室で先生たちがコーヒーカップを手にして雑談している写真などです。子どもたちは、今から何が始まるんだろう、という表情で次々と貼られていく写真を見つめています。

『これらの写真は何をしている場面でしょう？どんな感じがしますか？気づいたことを何でもいいので隣の人と相談しましょう！』と投げかけます。子どもたちは、「おしゃべりだね！」「楽しそうだよね！」と楽しそうに隣の子と雑談を始めます。『今、みんなとっても楽しそうに隣の子とお話していましたね。そうです。これらは【会話】【雑談】をしている場面です』そう伝え、気づいたことを列指名で発表していきます。「仲がよさそう」「おしゃべりは楽しい」「自由な感じがする」などの意見が子どもたちから出されます。それらの子どもたちの意見を基にして、会話・雑談のグランドルールを伝えていきます。【相手のことを知って、もっと仲良くなるために】ということを意識した上で、【肯定的に聞く】【共感的に聞く】【結論がなくてもいい】【間ができてもいい】【問いかけ合う】【うなずきやあいづち】【表情や姿勢】などのルールを確認していきます。子どもたちから出てこなかった内容については、教師から伝えます。

コミュニケーション指導のポイント　子どもたちから、表情や身体の動きなどの非言語的コミュニケーションについての意見が出たら大いにほめましょう。

(2)「名刺で会話ゲーム」（自由な立ち歩き形式で）

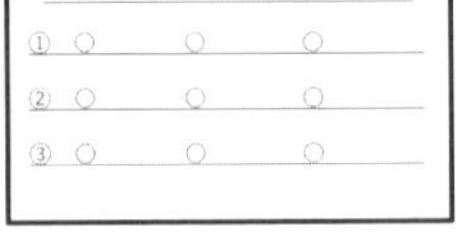

画用紙を配り、右図のような名刺を作ります。この名刺は交換するのではなく、これをお互いに見せ合いながら会話をしていきます。①～③のテーマに対して３つずつ記入して使います。

『最近遊んだことを①に３つ書けましたか？それでは、今から教室の中を自由に動いて、いろんな人と会話をします。立ったままでもいいですし、椅子を見つけて座って話してもいいです。それも自分たちで工夫してみましょう』と伝え、ゲームのやり方を説明します。ペアをつくり、じゃんけんをします。じゃんけんで勝った人が話し手となり、負けた人が聞き手となります。役割が決まったら、最初に挨拶をします。そのあとに握手をして会話がスタートです。名刺を示しながら、３つのことについて30秒間自由に話します。その際、(1)で確認したグランドルールを意識して行うようにします。30秒経ったら、話し手と聞き手を交代して行います。このような説明を終えたら、子どもを一人、前に呼び、教師が実際に演示して見せます。

「僕は昨日、スマホでゲームをしました」

『ほお！スマホでゲーム！すごいね。どんなゲームをしたの？』

「将棋のゲームです。最近始めて、はまっているんです」

　共感的に聞くために【は行（「ひ」以外の「はあ！」「ふうん！」「へえ！」「ほお！」など)】を使うとよいことや、30秒間会話をするために【オウム返し】や【質問】をするとよいことを、演示する前に伝えておき、上記のようなやりとりをしたあとにも確認します。

『この１時間を通して同じ人とペアになるのは１回までです。みんなはとっても優しいからペアができなくて困っている人をつくらないですよね。もし困っている人を見つけたら、自分からペアになろうとしますよね。【一人も見捨てない】、【一人が美しい】ですよね！では旅立ちましょう！』と伝え、いよいよゲームスタートです。子どもたちは名刺カードを持ち、どのように動いたらよいか不安な面持ちで動き始めます。そこで、ペアを最初につくった子たちに対し、『早い！やる気の姿勢が素晴らしい！』と伝えます。ほかの子どもたちもそれにつられて急いでペアをつくり始めます。『早いなあ。さすがだなあ』と唸るように心の底から伝え、30秒の時間を計ります。計時をしながら、子どもたちの間に積極的に入っていき、活動の様子をよく観察します。特に、表情や目線、姿勢や身体の動き、うなずきやあいづちをしている子に注目します。

それらの子どもたちに近づき、『今、○○さんがね、とってもよかったんです。口角を上げて素敵な笑顔で聞いてあげていたんですよ』というように2、3人を取り上げて全体に伝え、拍手を送ります。『みんなが温かい雰囲気をつくっているから、この子たちも自分らしさを発揮できたんだよね。みんなもすごい！みんなで拍手！』と伝え、ファシリテーターとして、教室の成長し合う空気をつくり出します。終わったら、ペアの子と「イェーイ！」と言い合い、ハイタッチをして別れさせます。『今から3回ペアを変えてやってみましょう。10秒以内でペアを見つけましょう』と伝え、3回繰り返します。

コミュニケーション指導のポイント 教師は子どもたちの中に入っていき、グランドルールや非言語的コミュニケーションを意識している子を、ほめて、認め、励ましていきます。

席に戻り、残り2つのテーマについて3つずつ名刺カードに記入します。テーマは【②マイブーム】【③夢（やってみたいこと）】で行います。学級の実態に合わせて変更してもよいでしょう。子どもたちは、先ほどのやりとりをふまえ、どんな内容にしたら会話が楽しくなるかを考えている様子です。『3つずつ書けた人は、どんなところを次に意識したらいいか考えておきましょう』と伝えます。全員書き終わったところでゲーム再開です。再開する前に『相手の名前を3回は入れましょう』や『1回は相手のよいところをほめましょう』と伝え、少しレベルを上げて変化をつけて3回ずつ行います。③については、子どもたちの実態をふまえて、時間を1分にしたり、人数を3～4人に増やしたりして行います。

(3) ふり返り

活動を終えたら、ふり返りを書きます。よかった点や、これから生かしていきたい点に焦点を当てます。『書き終わったら、名刺カードの下に、この1時間で大事だと感じたキーワードをずばっと書きましょう』と伝えます。このキーワードを基にして先ほどまでと同じように自由な立ち歩き形式による感想交流を行います。ペアで1分間行います。5回程度を目安に、時間の許す限り行います。１回終わるごとに握手とともに感謝を伝え合わせます。

コミュニケーション指導のポイント 教師は、『うなずきを頑張っている人？』と活動中に問いかけたり、一人ひとりにグランドルールを基に個別にほめたりしましょう。

「僕は【笑顔】だと思ったよ。笑顔で話すととても気持ちよかったよ」
「そうだね。僕は【あいづち】かな。は行を意識すると相手の子も話しやすそうだったよ」

笑顔で感想を伝え合う子どもたち。普段、あまり意識していなかった非言語的コミュニケーションの大切さを子どもたちはとても感じているようです。教室には温かな空気が流れています。

最後に、今日のポイントを教師から格言的に伝えてもよいでしょう。

4　発展と応用

(1) 低学年での活動例

低学年では、グランドルールを子どもたちに伝わりやすい言葉に置き換えることが大切です。【うん、うんとうなずいて聞こう】【笑顔で話そう】【おへそを相手に向けよう】など、子どもたちの実態に合わせて、学級オリジナルのルールを教師と子どもたちでつくっていってもよいでしょう。①～③のテーマもさらに身近なものにすると話しやすくなります。

(2) 高学年での活動例

高学年では、①を【マイブーム】、②を【夢】とし、③を【好きな内容を何でも３つ】として自由度を高めてもよいでしょう。また、ゲームの中で相手をほめる際に、相手の子の内面など【不可視の部分】に焦点を当てるように促してもよいでしょう。会話の際に、可能な範囲で自分の失敗談を、ユーモアを交えて話したり、家族の話をしたりして、【自己開示】をすることで相手との心理的な距離が縮まることを伝えてもよいでしょう。

第５章

コミュニケーション科の授業（5）対話・話し合い力

❷少人数での対話・話し合い

よりダイナミックな学習、深まりのある学びへ！

藤澤　稔（菊池道場広島支部）

1　ねらい

子どもたちは、教室の空気感をどのように捉えているでしょうか。実際、年度の半ばにも関わらず、表情に覇気がなく、重たい空気の中での授業をよく見ます。インプット主体の授業では、覚えることが目的になりがちです。内容を吟味する必要がないからです。新学習指導要領で求められているような、主体的な発信力を育てることは難しいでしょう。『思考を深める』ためには、物事の本質を深く理解することが必要です。様々な見方で自己の考えを捉え直したり、知識を統合的にまとめたりすることが大切になります。ですから、自分一人ではどうしても考えが行き詰まったり偏ったりしがちです。

紹介する『少人数での話し合い』は、視野を広げ思考を深めることが目的です。友達と関わることで、自分とは違う見方や考え方を発見します。時には、不安感を共有し安心することもあるでしょう。また、説明を通して、実はよく分かっていない自分に気づくということもあります。いずれにせよ、自己を見直すことで思考の活性化が図られます。

さらに、対話量が何倍にも増えます。もちろん、無責任に対話させればよいということではありません。限られた子どもの発言や教師の一方的な説明で進む授業者目線の授業観を見直すことも問われています。

一人ひとり違う子どもたちの考え。そこには、これまでの経験が表れます。『その人らしさ』に多く触れる中で、互いの人となりを知るのです。他己理解の量が増えると、安心感が育まれ思い切って発言したり活動に取り組んだりすることができるようになります。学びに夢中になり切磋琢磨する。伸び伸びと楽しむ子ども本来の姿を引き出すのです。

2　主な展開

学活ならば『窓から見えるものは』、教科の場合は『1枚の写真から』として行います。特に年度初めや学期スタート時、子どもたちの人間関係は必ずしも十分ほぐれているとは限りません。座席に座ったままだと、お互いの表情や仕草が十分見えません。心理的な緊張や不安のある中で、学びを深めていくことは難しいものです。

(1) ねらい

一人でも多くの友達に自分から積極的に声をかけ、より多くの意見を集める中で、いろいろな見方や考え方に触れることがねらいです。

(2) 1時間の展開例

1．窓から見える物をノートに書き出す

⇒教科『1枚の写真（表やグラフ）から気づいたこと』

2．挙手指名で数人に発表させる

3．『自由な立ち歩き』を行い、気づきをさらに増やしていく

4．『自由起立発表』に挑戦する

⇒個人やグループで黒板に意見を書くと意欲的に盛り上がる。

5．活動についてふり返る

子どもたちは自主性、創造性を求められる反面、学習規律やルールによる一律な行動が評価される矛盾した生活を送っています。また、係や委員会活動においても合理的、下請的な創造性のない活動がほとんどです。まずは、本来一人ひとりの想いや考えは違うことを体感させます。『違い』と『間違い』の違いを大切な価値観として育てるのです。

そこで、活動の違いを実感させるために、挙手指名を行ったあと、『自由な立ち歩き』『自由起立発表』を行います。学習の目的や問題解決のために、自ら判断して友達と関わる体験を重ねることで、違いに気づき、その違いを楽しみ、尊重する態度を育てます。

3　展開例

(1) 活動の目的を知る

『先生から突然、「はい、○○くん、どう思いますか」と当てられてドキドキしたことはありますか。「え？手を挙げていないのに」「まだ書いてないのに…」と思ったことがあると思います。どうですか』

「そうです。何で？と思いました」

『慣れていない時はそうかもしれませんね。気持ちはよく分かります。

一生懸命考えて発言した友達に、ほんの一言でも感想や意見が言えるクラスと、そうではないクラス…、どちらが温かい学級だと言えますか』

「感想を言ってあげられるクラスがいいです」

『もちろん、いきなりレベルの高いことは無理ですよね。でも、小さなステップでも積み重ねれば目標に届きます。今日はその最初のステップです。やってみましょう！』

「えー」「ハイッ」

『まずは、【教室の窓から見える物】をできるだけたくさん書きます。見えている物ならば、何でも構いません』

「え、だったら窓のそばに行ってもいいですか」

『さすがですね。その方がよく見えるし、たくさん書くことができますね。目的に合わせて、やり方を考える。ここにもやる気が表れていますね。でも、みんなも同じ気持ちかもしれません。お互いがたくさん書けるような心遣いがあると嬉しいな』

コミュニケーション指導のポイント　初めての活動にはマイナスの反応も出がちです。ただ、反応は称賛しても、正面から対峙して空気を濁さず、そのほかのプラスの反応に合わせながら端的に意味づけします。

(2) 個別でノートに書き出したあとに『自由起立』で考えを広げる

まずは個人でノートに書き出します。とにかくたくさん書くことを価値付けます。もちろん、書けない子もいるので『焦らなくてもいいよ。今考えているんだよね』と安心させてあげます。様子を見て区切ります。

『はい。そこまで。どうですか』
「何を書いてよいのかよく分かりません」「まだ時間がほしい」
『やっぱり一人での作業は大変ですね。では、自由に立ち歩いて、友達と教え合ってみましょう。３分間あげます。そのかわり、今の３倍増やします。できそうかな』「えー」「誰とでもいいんですか」
『そうです。でも、どうかな。結局、仲良しの友達とばかり…偏りますね。男女関係なく声をかけることができると、いつもとは違った意見を集めることができますね』
『一人ぼっちもつくりません。○組さんは優しいクラスです。スタート』
「やろう、やろう」「教えて」「こっちにおいでよ」
『嬉しいなあ。誘い合う声が聞こえるクラスは安心して勉強できます。学び合いましょう』

コミュニケーション指導のポイント 活動に入ると、自ら積極的に動く姿に目が行きがちでが、不安な子に声をかける・誘い合う・優しく寄り添うなど、つながって学び合う姿を認め、優しい空気感を育みます。

「先生、おれも教えてあげたよ」
『素晴らしい。自分から教えてあげることができると、助かる友達もいるよね。さっと教えてもらえると、どうかな』
「気持ちがいい」「ホッとする」「聴いてよかったと思う」
『嬉しいですね、○○くん。こんな気持ちをみんなで増やしていきましょう。互いに学び合うクラス。○○くんはそのきっかけをつくってくれたんだね。○○くんに大きな拍手』
　拍手を交えるとにこやかな笑顔と温かい空気感、一体感が生まれます。個々に自信をもたせてあげるためにも機会をもちます。

コミュニケーション指導のポイント 行為や活動だけでなく、関わる際に、互いの気持ちを交流するようにします。時には教師がコーディネートし、その時の気持ちや思いをつなげ、安心感をもてるようにします。

(3) 挙手指名と『自由起立』との違いをふり返る

『一人で探す時と自由に立ち歩いて協力した時と、何が違いましたか』

「一人だと探すだけで終わるけど、自分が見つけていないことも言ってくれたから、たくさん書くことができました」

「みんなが言ってくれるから、書くスピードが速くなりました」

「グループが違っても話ができたので、楽しかったです」

『なるほど。もちろん、一人でじっくり考えたい時もありますよね。でも、じっくり考えたからこそ、友達に相談してみたいな、ちょっと意見を聴いてもらいたいなという時もあると思います。今みたいに、いろいろな友達に聞くことができたらどうでしょう』

「一人だとどうしても分からないこともあるし、合っているか不安だから、聞けると安心できます」

「自分だけだとなかなか思いつかないけど、みんなからヒントをもらって考えることができるので、聞けた方がいいです」

『確かにその通りですね。一人でできることばかりとは限りません。だからこそ、時には自由に立ち歩いて、学び合うことを大切にしましょう。よりよくしていくことも学びの一つですからね』

(4)『自由起立発表』

書いたことは発表する。これを習慣化します。そのため、挙手指名を行いません。列やグループ、内容によっては自由に起立しながら発表させていきます。『一人ひとり違ってよい』『挑戦する勇気』『やる気の姿勢』『集団の空気に負けない』『一匹目のペンギン』『口火を切る』など、受け身にならない学びへの意欲を価値付けするチャンスです。

(5) 活動のふり返りを行う

コミュニケーション指導のポイント 活動、内容に偏りがちなふり返りを、関わったからこそ分かる感じ方・考え方の違い、自分自身の変容、そのきっかけなど具体的な視点で、つながり合って学ぶ価値を高めます。

4　発展と応用

(1) 高学年では、教室の空気感を変えるきっかけにすることができます。時間は短くても、とにかく回数をこなします。徐々に友達に声をかける範囲やその相手が変わってきます。大切なことは、その変化を見逃さず価値付けることです。『限られた友達を超えて』『男女関係なく』『自分から』『周りに気を配って』、その様子をつぶさに価値付けていくことが大切です。また、授業では構えてしまう子どももいます。まずは朝や帰りの会などで、好きな物や趣味などを聞き合い、関係性をほぐしていきます。慣れてくるにしたがって、社会科などは『1枚の写真から気づくこと』、国語科では自分の意見を考えたあと、各々の気づきやどのような考えをもったのか、交流する機会をつくります。

(2) 中学年では、『話し合いのグランドルール』を基に、ある程度のやりとりを指導します。特に、否定せずに相手の話を聞く。上手だなと感じた話し方をほめる。質問をする。感想を伝える。お礼を言うなど、互いに気持ちの通うやりとりを育てていきます。その際、掲示物を示したりルールや手順ありきの指導をしたりするのではなく、子どもたちとやりとりを行いながら『行為の価値付け・意味付け』を丁寧に行います。

(3)低学年では、指導の段階を丁寧に設けることが大切です。まずは、隣・前後の友達とペアを中心に範囲を決めて行います。また書いてから話すことが難しいことも多々あるでしょう。そんな時は、立場や気持ちの分かるマークに○をつけさせるなど、選択肢を与え『どちらか決める』という体験を重ねます。『一人ひとり違ってよい』という価値観を育むことが重要です。その上で、『意見の違う友達をたくさん見つけられるかな』と具体的な指示を出します。『笑顔で声をかける』『自分から声をかける』『お願いします・ありがとうございましたなど礼が言える』など、『対話・話し合いのある授業』に向けて必要となるやりとりの素地を楽しみます。『友達と話すのは楽しい』『聞いてもらえてよかった』という学習体験を積み重ねることが何より大切です。

第５章

コミュニケーション科の授業（5）対話・話し合い力

❸ディベート的な話し合い

学びを楽しむ授業づくり！

藤澤　稔（菊池道場広島支部）

1　ねらい

子どもたちが活発に発言し、やりとりを楽しみながら学びを深める。豊かなコミュニケーションによって気持ちに寄り添い合う授業だからこそ見られる姿です。しかし、実際には、発言は限られた子どもだけ。形式的な話型にしばられ、自分の考えを伸び伸びと発言できない。やりとりや深まりのない、固く重たい空気に悩まされることもしばしばです。

コミュニケーションがつなぐダイナミックな学びは、正解を追うだけの知識的な内容にとどまらず、多様な見方・考え方を楽しみ、吸収することで、自身もよりよい変容を遂げていきます。成長の実感は、子どもたちには魅力的です。友達との関わりは、心の成長に大きな弾みをもたらします。『ディベート的な話し合い』は、次の３つの力を育みます。

１つめは『知的好奇心を満たし自己肯定感を高める』ことです。対話のある学習では、子どもたちの思いや考えは、「言葉」によってつながっていきます。温かく安心感のある学級では、違いを認め合うことでそのよさを引き出し、のびのびと表現することができるようになるからです。

２つめに、次の３つの『知的基礎体力』を育むことができます。

①傾聴力：話し手の気持ちや意図を汲み取りながら内容を聴き取る力

②表現力：相手の反応に合わせて分かりやすく書いたり話したりする力

③思考力：多面的、多角的な見方・考え方と、対話によって育まれる論理的な判断力・構成力

３つめに、『感情や雰囲気に流されない確立した個』を育てます。根拠を示してやりとりするため、意見に責任をもち、互いを尊重することを学びます。その結果「雰囲気に流されずよりよく判断する個」を育みます。

2　主な展開

テーマは『動物園と野生の動物、幸せなのはどちらか』です。ディベートとしての成果や価値論題としての結論を求める活動ではありません。

(1) ねらい

やりとりの面白さを味わう中で、話し合いに必要な観点を学び、かみ合った議論とは何かを体験することをねらいます。

コミュニケーション指導のポイント　参加する姿勢として、『意見と理由をセットにする』『書いたら発表』を、聴き手が話し手を育てることを伝え『引用する』『質問する』など、雰囲気を高める価値付けを行います。

(2) 1時間の主な展開例

1. ノートにたくさん動物の名前を書く
2.『自由起立発表』により動物を発表する
3. テーマについて自分の立場を決めさせる
4. それぞれの立場から主張を述べたあと、話し合いを行う
5. 話し合いについてふり返る

特に年度初めは、学級の雰囲気や学びに向かう習慣が整っていません。そこで、子どもたちの発言を意味付けし、話し合いの価値を共有しながら行います。用意したルールや手順を示すのではなく、やりとりを通して『話し合いのグランドルール』をつくりながら、学びとして進めます。

特に発言については、挙手・指名ではなく『自由起立発言』で行います。発言しやすい空気感をつくっていくためです。そのためにも、事前に意見を書く時間を設けます。意見に対しその理由も書くことで、『意見と理由をセットにする』ことを習慣づけます。

活動により、話し合いは『挑戦』であること、友達の気持ちに寄り添う『優しさ』であること、意見を生み出す『創造』であること、自身をふり返り『自分を知る』こと、友達や人の思いにふれ『視野を広げる』ことであるという価値を、1年を通して高めていくことが大切です。

3　展開例

（1）話し合いの意義や目的を伝える

　黒板にディベートと書き、静かに子どもたちを見ます。

『ディベート、聞いたことありますか』

「分かれて話し合いをします」「賛成チームと反対チームがあります」

『その通りです。先生とだけやりとりをするわけではありません』

「意見を言ったあとに、反対意見を言い合いっこして話し合うやり方です」

『さすが。立場を変えて意見を言い合います。授業でも、一つの正解よりも、いろいろな立場での違いを大切にしていきましょう。そして、自分が納得できる意見を深めていく学びを大切にしていきましょう』

「どういうこと？」

『ありがとう。分からないことを質問すると、相手の考えを聞き出すことができますね。質問は分からないことを解決するだけではないのです。では、実際にやってみましょう』

コミュニケーション指導のポイント　発言からキーワードを意味づけし、話し合いの意義を一緒に考えます。その際、教師自ら子どもたちの発言を引用したり確認したりすることで対話のロールモデルを演じます。

（2）動物の名前をたくさん書き、『自由起立発表』で発言する

①『ノートにできるだけたくさん動物の名前を書きます』

　具体的なイメージをもたせます。短い時間設定をかけ集中させます。話し合いには、必ず自分の立場や意見をもたせて臨ませます。

②『聞いてみたいという友達に見せてもらいましょう。一人ぼっちはつくりません。協力し合って名前を増やしましょう』

　２人以上で協力して意見をつくることを体験させます。自分が思いつかなかったことを友達が書いていることに気づかせます。

コミュニケーション指導のポイント　活動を通して、違いを楽しむことやその人らしさにふれる楽しさを価値付けます。目的をもって立ち歩くことは、より積極的な学びの方法であることを共有するようにします。

(3) テーマについて自分の意見をもつ

必ず自分の意見を書くようにします。その際、数人に発言させ書き方のモデルを示しながら内容を【意見】【事実】【説明】と整理します。

(4)『自由な立ち歩き』により友達と『作戦タイム』を取る

同じ立場の人と３～４人で、理由を確認させます。その際、『なぜ』『どうして』と、意見の裏に隠れた思いを交流することが大切です。

(5)『ディベート的な話し合い』を始める

動物園派発表 →	**野生派発表 →**	**同じ立場のグループ →**	**個人思考**
（意見と理由（主張）の発表）		**（質問・反論の準備）**	**（ふり返り）**

「先生、もう言いたい。僕は動物園の方が幸せだと思います」
『すごいですね。前のめりのやる気です。一方的に話すことはよくないので、まずは動物園派からでいいですか』
「はい。動物園は、命を落とす危険がないからです。猛獣に襲われることもないし、えさや水は絶対もらえます」
「私は考えようによっては、動物園の方が幸せだと思います。最近の動物園はとても広いです。それに、遊び道具を作ってくれたり、飼育員さんが愛情込めて大切に育ててくれたりするからです」
『かなり具体的な意見ですね。言いたいことがよく伝わってきましたが、みなさんはどうですか？次に、野生派の人たち、どうぞ』
「確かに襲われることはないけど、ずっとおりの中にいます。だから、私は野生の方が幸せだと思います。いつでも好きな場所に行ったり思い切り走ったりできます。襲われないけど、ずっとおりの中は窮屈です」
「僕も野生の動物です。えさも水ももらえたら確かに楽だけど、狩りができなくなると、生きている実感がなくなるんじゃないですか」

コミュニケーション指導のポイント
発言者の人数や内容、聴き手の様子に応じて介入し、やりとりを補います。その際【説明】【引用】【確認】【問いかけ】など、発言によって相手とつながっていくことを価値付けします。

『すごいですね。意見はもちろん、反論もできています。ところで、今、何について議論しているか、分かりますか？』

「えさがもらえるかもらえないか」「おりの中がいいか悪いか」
『その通りです。何について意見をしているのかきちんと分かっていると、話がかみ合わないということがなくなりますね。しっかり聴いてもらえると、意見する友達も安心して、はりきって発言できますね』
「ちょっと話が変わるけど、いいですか。私は野生の方が幸せだと思います。もともと動物は野生に生きています。動物園に連れてこられるということは住んでいた場所と全く環境が変わってしまいます。それはすごくストレスです」
「確かに環境は変わります。でも、さっきも○○さんが言っていたように、動物に合わせてとても快適にしてありますよね。動物に合わせて育てるから、ストレスはないと思います」
「快適に過ごせることは分かります。でも、自然の中で思いっきり動いていろいろなものを感じて過ごす方が本当の動物らしさだと思います」
「付け加えがあります。1日中、人間たちに見られていたらものすごくストレスがかかってしまうと思います」

コミュニケーション指導のポイント 内容のつながりを意識させるため引用し、根拠があると議論が深まっていくことを伝えます。その際、丁寧な傾聴は、意見だけでなく気持ちもつなぐことを共有します。

(6) 話し合いについてふり返る

最後に必ずふり返りを行います。自分自身の変容に気づかせたり、誰のどんな意見によってその変容が起きたのか捉えさせたりするためです。話し合いを通して、友達の体験や想いを知ることができることや自分の気持ちを分かってもらえることにどんな意味があるのかなど、『対話・話し合いがもつ意義』について交流します。たとえ数人でもふり返りを発言させたあと、友達の意見に対して自分が感じたことを交流することで、つながり合って学ぶ集団へと高めていきます。

4　発展と応用

(1) 高学年では、一人の発言が長くなったり意見が連続したりすることで、論点を見失ってしまう子どももいます。様子を見て話し合いに介入し、論点を確認することが必要です。その際、授業者がそれを伝えてしまっては、関わり合って学ぶ機会を奪ってしまいます。『隣の人に、今何について話しているか、分かる？と聞いてみましょう』『もちろん、話についてきてるよね？』と、子どもたち同士で確認させます。

時には「え、でもさあ」「だけど」「ちがうよ」といった、普段通りの言葉遣いも出てくるでしょう。それは熱中している自然な姿です。その子らしさとして取り上げ、『夢中になる』『友達に刺激を受ける』など、つながり合って学ぶよさを価値付けるチャンスにします。

(2) 中学年では、双方の立場を一度に発言させると混乱してしまうでしょう。時間を区切る、立場ごとにやりとり（質問⇒反論）するなど、段階的な指導を行います。また、中心的な内容を板書したり、誰の意見のどの部分に反論しているのかを矢印などで視覚化したりすると、かみ合った議論を体験することができます。

中学年では、『集団でまとまる楽しさ』も体験させたいものです。同じ立場の友達とチームをつくり、いろいろな理由を考える場を設定します。中には動物の生態に詳しい子もいると思います。普段の授業では見ることのできない『らしさあふれる姿』を学級で認め合います。

(3) 低学年では、まず『自分で決める』『理由をきちんと書く』『ちょうどよい声で話す』『うなずきながら聴く』など、実態に合わせて、話し合いに関わる子どもの姿を認めて、自信がもてるように励まします。

十分に活動に参加できない子もいるでしょう。その場合は、教師が代筆したり言えるところまで発言したりしてもいいでしょう。『自分にできることを精一杯頑張る』と価値付ければ、一律一斉指導にこだわることもないのです。どの子も自分の意見と理由が書ける・話せるようになると信じることと、その指導に責任をもつ『教師の覚悟』が問われます。

第 6 章

コミュニケーション科の授業（6）

個と集団を育てる議論力

総論

❶学級ディベート
❷学級会
❸子ども熟議

第６章

コミュニケーション科の授業（6）

個と集団を育てる議論力（総論）

西村　昌平（菊池道場岡山支部）

1　本章で捉える「個と集団を育てる議論力」とは

本章は、『個と集団を育てる議論力』を次のように捉えています。

> お互いにとってのよりよい生活やみんなの幸せのために、いろいろな立場に立って物事を考えた上で自分の意見をはっきりと言い切り、議論することができる力。

このような議論の力を身につけることが、民主主義を支える健全な市民としての個を育てることにつながると考え、本カテゴリーを「個と集団を育てる議論力」としました。その場の雰囲気や空気に流されず、必要に応じて自分たちの意見をはっきりと主張し合える学級では、学びの絆が強いものになります。そのことが、コミュニケーション科のめざす温かな人間関係をつくる力や、自分らしさを発揮しながら他者と協同して学び合える力につながると考えます。

この「個と集団を育てる議論力」を鍛えるために、本章は、

・他者やその場の雰囲気・空気に流されるのではなく、人と意見を区別して自分の主張をすること

・１つに決められた正解である「絶対解」を求めるのではなく、議論を深めながら「納得解」に迫ること

・周りの友達に思いを至らせながら、あるテーマについて思考し続けること

・対話・話し合いの場において、「出席者」ではなく「参加者」となって、コミュニケーションの責任を果たすことといった指導を大切にします。

2　本章で紹介する「個と集団を育てる議論力」育成のための実践

(1) 学級ディベート

学級ディベートは、学級づくりのために、本来のディベートのもつ教育的価値を再構築した、ルールのある討論です。１つの論題に対して肯定・否定の立場をとり、お互いの主張を聞いた上で質問したり、反論したりします。４人１組のチームで行う学級ディベートでは、チームでの協力が欠かせないことから　他者と協力して学び合う力が育ちます。また、安定したルールのもつ安心感があり、決められた手順と制限時間の中で、はっきりと主張したり堂々と質問・反論したりする場が保障されています。

(2) 学級会

学級会は、教室に設置した議題箱に寄せられた意見の中から子どもたち自身で議題を選び、学級をよりよくしていこうと話し合う会です。みんなのことを、みんなのために、みんなで話し合うという民主主義の根幹を教える重要な場です。学級会では、議題の内容について集団での意思決定を行うと同時に、集団の一員として望ましい人間関係や態度を養うことをねらいます。自分の意見をもって参加し、積極的に自分の意見を表現し、友達の意見をきちんと聞くことが、素晴らしい学級会には大切です。

(3) 子ども熟議

子ども熟議とは、子どもたちがよりよい学校生活を築くための話し合いです。学級や学校生活で直面する身近な問題について、少人数での話し合いを重ね、その問題解決への行動を通して、社会に参画する態度や自治的な態度を育てることをめざします。従来の話し合いとの違いは、①「生活の中の身近な問題に対して、熟考しながら話し合いを重ね、問題解決に臨む」、②「全員参加を可能とする少人数グループでの話し合いを重ねる」、③「話し合いの一定のルールを決め、参加者のアイディアを出し合い協同して実行する」の３点があります。

第６章

コミュニケーション科の授業（6）個と集団を育てる議論力

❶学級ディベート

他者を思いやりながらお互いの主張を検証し合う

西村　昌平（菊池道場岡山支部）

1　ねらい

「学級ディベート」とは、学級づくりのために、本来のディベートのもつ教育的価値を再構築した、ルールのある討論のことです。１つの論題について、賛成（肯定）派・反対（否定）派の２つの立場に分かれ、それぞれ４人ずつのチームを組んで議論します。主に、次のような順序で行います。

①根拠を伴った意見を述べ合う
②互いの意見を質問し合って明確にし合う
③相手の意見に対して反論を述べ合う
④審判が客観的に判定を行う

ステップを踏みながらこの学級ディベートを体験させ、人と議論することの意味や価値を学ばせることが本活動のねらいです。それらを学び、話し合う力が伸びた子どもたちは、その場の空気に流されて動くことのない「健全な個」として育ちます。そのような「個」が集まることによって、学級は望ましい集団として成長していくのだと菊池氏は述べます。

学級ディベートを行うことで、学級が望ましい集団へと変わっていく理由は、ディベートのもつ安定したルールにあります。沈黙の禁止、合意の禁止、人と意見を区別する、根拠を伴った意見を比較し合う、互いの意見を成長させ合うために反論し合う、などがそれです。安定したルールがあることで、活発な子や控えめな子、どの子も対等に発言することができます。また、チームを組んで、限られた時間の中で力を発揮しようとする中で、他者を思いやりながらお互いの主張を検証し合うことのできる議論力を育てることができます。

2　主な展開

学級ディベートの導入にあたる本時。指導にあたっては、話し合いの技術よりも、「議論し合うことの価値」に重きを置くようにします。

（1）ねらい

学級ディベートのルールを知り、議論し合うことの意味や価値に気づくことができるようにする。

（2）展開例

①学級ディベートと出合う　②学級ディベートのルールや意義を知る　③論題とその定義について確認する　④論題を実行したときのメリット・デメリットを考える　⑤代表８人で学級ディベートをやってみる　⑥判定をし、判定理由を発表する　⑦議論をふり返る

3　展開例（２時間扱い）

（1）学級ディベートと出会う

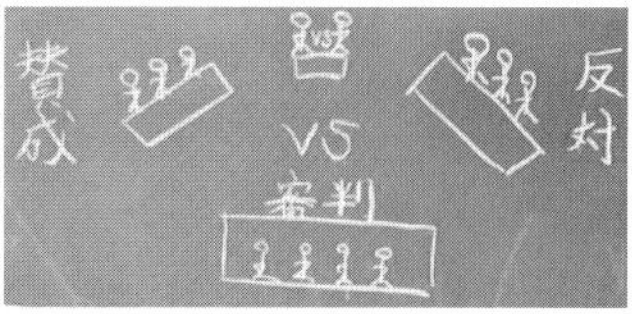

黒板に「ディベート」と板書します。

『ディベート。聞いたことはありますか』

「…？」「聞いたことがない」「知らない」

『（絵を描いて）ではこれを見て、気がついたことを何でも言いましょう』

「賛成と反対に分かれている」

『2つの立場に分かれて話し合うのですね』

「賛成のところに３人いて、反対のところにも３人いる」

『チームで協力して議論をするのがディベートです。一人ではありません』（絵の横に「チーム力」と板書する）

「審判がいる」

『勝ち負けは、お互いのチームではなく公平に審判が決めるのですね』

コミュニケーション指導のポイント　**学習活動との出会いを大切にします。子どもとのやりとりの中から気づきを引き出し、発言の意味付け・価値付けをしていくことで、ディベートの意義に迫ります。**

(2) 学級ディベートのルールや意義を知る

板書の「ディベート」の先に「ルールのある討論」と書き足して、次のように話します。

『自分を含めたみんな、いろいろな人に影響のあることを、ルールに従って討論することをディベートと言います。自分のことばかり考えるのではなく、みんなのことをみんなで考え合いたいですね』

> ①賛成派「意見」←②反対派「質問」　③反対派「反論」
> ↑____|

このように板書し、ルールの説明をしました。

『話す時間と順番が、ルールで決まっています。初めに、賛成派が意見を言います。それに対して反対派が質問をします。それで意見が詳しく分かったら、反対派が反論します。その逆も行います』

> **コミュニケーション指導のポイント** 討論に対して、難しい・大変という印象をもたせないように心がけます。簡略な説明で、楽しそう・やれそうだなと思わせるようにルールや意義について伝えます。

(3) 論題とその定義について確認する。

みんなで話し合うテーマ「論題」が必要なことを伝え、

> **論題「〇〇小学校の〇年生は宿題をやめて、自主学習にするべきである」**

と板書しました。言葉の定義を明確にして、論題に対する認識がずれないようにします。今回の場合は、宿題は「担任の先生が内容を決める家庭学習」、自主学習は「自分で内容を決める家庭学習」としました。

(4) 論題を実行したときのメリットとデメリットを考える

立論に対して賛成派は自主学習、反対派は宿題という立場を確認し、賛成・反対、それぞれの理由を２分間でできるだけたくさん、ノートに箇条書きで書かせます。その後、次のように声をかけます。

『チームで戦う、理由比べのゲームです。班ごとに話し合って、理由を多く出し合います。たくさん出し合って、意見を強くしましょう』

「自主勉のメリットは、自分の好きな学習ができて、必要な部分が伸ばせられること。でもデメリットは、嫌いな学習から逃げてしまうこと」「自主勉強のデメリットは、自分がやりやすいものばかり勉強してしまうこと」「私も、自主勉だとちゃんとしない人が出てくると思う」

チームでの対話を通して、子どもたちの意見に広がりが出てきました。

> **コミュニケーション指導のポイント** 賛成と反対、2つの立場から理由を書かせ、賛否両論を整理させます。それらをチームで出し合うことで、広い視野で多様な考えを生み出すようにします。

（5）代表8人で学級ディベートをやってみる。

まず、賛成・反対の立場を機械的に決め、立論を組み立てる作戦タイムに移ります。次に、立論・質問・回答・反論の役割分担をします。

『チーム力が大切です。チームで協力して一番強い意見を一つに絞りましょう。判定はみんながします。議論の流れが残るように、ノートにメモを取りながら聞きましょうね』

①賛成派からの立論（1分）

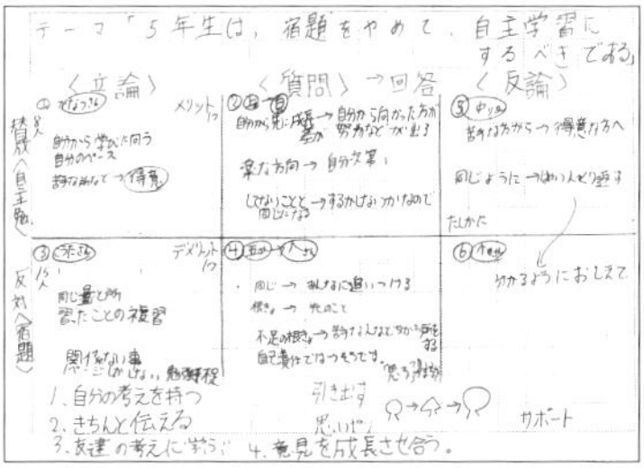

「私たちは、自主学習に賛成です。自主学習のメリットは、自分から学びに向かうことができることです。理由は、自分の苦手なところや間違えたところを何度も繰り返すと得意になるからです。自分のペースで学ぶこともでき、自分から成長に向かっていくことができます」

〈作戦タイム〉（1分）

立論を受けて質問事項を練る時間です。学級全体に問いかけます。

『本当にそう言い切れるのか、根拠はあるのかと思うところはなかったですか。分かりにくかったところを引き出してあげよう。“〇〇と言っていましたが…”と、発言を引用できると、話し合いがかみ合いますね』

> **コミュニケーション指導のポイント** 作戦タイムの時間を有効に使い、質問のポイントを伝えます。意見を成長させ合うための質問です。

②反対派からの質問（1分）	**→賛成派からの回答**
「自分から学びに向かうと言っていましたが、それだと成長に差が出るのではないですか」	「自分から学びに向かった方が、自分の努力が出るからいいと思います」
「楽な方に行く人も出るんじゃないですか」	「頑張るかどうかは自分次第なので、それは仕方がないと思います」
「楽な方にいってしまった人は、学習をしていないのと同じになるんじゃないですか」	「自分がするかしないかなので、自己責任だと思います」

〈作戦タイム〉（1分）

『次は、反論です。“○○と言っていました。しかし、それは認められません”と発言を引用して、相手側の弱点を見つけます。説得するのは相手ではなく、判定役として聞いているみんなです』

③反対派からの反論（1分）

「先ほど、賛成派は“自分の苦手なところや間違えたところを何度も繰り返すと得意になる”と言っていました。しかし、それは認められません。自主勉強のデメリットは、1ページしかせず、授業に関係ないことをして、勉強不足になることです。すぐ楽な方に行ってしまう人は、自分の苦手なところや間違えたところはしないと思います」

試合はこの後、④反対派からの主張、作戦タイム、⑤賛成派からの質問、作戦タイム、⑥賛成派からの立論と続きます。

(6) 判定をし、判定理由を発表する

賛成派と反対派、どちらの主張の方により納得できたかを比べ、判定をします。人と意見を区別して手を挙げさせ、挙手の数で勝敗を決め、その理由を発表します。

「賛成派です。最後の反論の“自分が成長する方がいい”という意見に納得したからです」「反対派です。勉強不足という言葉になるほどと思ったからです」「反対派です。賛成派の理由もよかったけど、反対派の“実力に差が出る”という意見の方が強いと思ったからです」

コミュニケーション指導のポイント 判定にもその人の誠実さが出ることを伝え、判定理由をきちんと説明させることで、コミュニケーションの責任を果たすように促します。

(7) 議論をふり返る

『A さんの立論は、途中で少し止まって1分で言い切りませんでした。限られた時間の中で、一生懸命みんなに意見を伝えようとしていました』
『B さんの質問には、思いやりがありました。相手の反応に合わせて途中で質問を変え、分からないところを丁寧に聞き出そうとしていました』
『C さんは、判定を聞いて負けたあと、すぐに相手チームに拍手をしていました。お互いの成長を喜び合う姿が美しかったです』

コミュニケーション指導のポイント 「大人でも難しいことを子どもたちはやっているんだ」という意識をもち、初めてのディベートで一生懸命責任を果たそうとしたことを認め、今後の成長を信じます。

4　発展と応用

本活動は、高学年児童を対象に想定しています。

低学年では、家庭学習の形式を問うことは難しいことが予想されるため、論題を「ペットを飼うなら、イヌがいいか、ネコがいいか」「旅行に行くなら、海がいいか、山がいいか」といったものに変えます。2人組で「どうしてかというと…」という理由を伝え合うことから始めたり、コミュニケーションゲームを取り入れたりと、楽しみながらスモールステップで指導します。

中学年では、同様に論題を変えた上で、「立論型ディベート」を行います。審判役からの質疑応答を終えた時点で、どちらがより強い立論を述べたかをふり返り、勝敗を判定します。筋道の通った立論の組み立て方や、かみ合った議論の仕方などを丁寧に指導します。

第6章

コミュニケーション科の授業（6）個と集団を育てる議論力

❷学級会

出席者ではなく、参加者になろう

西村　昌平（菊池道場岡山支部）

1　ねらい

教室に設置した議題箱に寄せられた意見。その中から、子どもたちにとって特に興味や問題意識のある議題を選び、話し合う学級会では、「みんなの、みんなによる、みんなのための話し合い」という民主主義の根幹を教えることが可能です。学級会の指導では、議題の内容について集団での意思決定を行うと同時に、集団の一員として望ましい人間関係や態度を養うことが重要です。そうした健全な仲間意識を大切にし合う中で、自分も学級に所属している重要な一員なのだという自覚をもち、健全な市民としての議論力を育てることをねらいます。

そのような個や集団の姿をめざす上で、菊池氏の教室で生まれた価値語「出席者ではなく、参加者になろう」は、学級会でのあるべき態度を端的に示しています。他人事ではなく、自分事として話し合いに臨む意識を引き出す力が、この言葉にはあります。一部の活発な子どもの発言で進みがちな学級会。そうならないように、全員に当事者意識をもたせることが重要です。自分から新しいアイディアを出したり、自分の立場をはっきりさせて意見を述べたり、お互いの意見を聞き合って全員で何かを決定したりといったことへの責任を、全員が果たすということです。

そのためにはまず、話し合いの目的や価値を学級全体で共有することが肝要です。毎回の学級会において、子どもたちが上記のような責任を果たすためには、そこに意識と行動を向けさせるだけの態度目標、すなわち「話し合いのグランドルール」を設定しておくことが有効です。グランドルールの意義について、菊池氏は「子どもたちに安心感を与え、全員参加を保障する対話・話し合いの土台となる」と述べています。

2　主な展開

第1回となる今回の議題は、課外での司会団との話し合いで決めます。今後の学級会や教科の授業での対話・話し合いの土台となるグランドルールを、学級のみんなで決定することをこの時間のゴールとします。

(1) ねらい

学級会を行う上でのグランドルールづくりを通して、集団の一員として、対話・話し合いにおける望ましい態度を考え合い、学級会で話し合うことの意味や価値に気づくことができるようにする。

(2) 1時間の展開例

・司会団は議題について、教師と司会団で話し合う。(課外)
・話し合いの議題と柱を知り、自分の考えをもつ。(課外)
・対話・話し合いのグランドルールについて、学級会で話し合う。

〈話し合いの流れ〉
①司会団から自己紹介と役割の紹介をする
②議題と提案理由を確認する
③今日の話し合いのめあてを知る
④柱1「対話・話し合いのグランドルール」について意見を出す
⑤質問を出す
⑥賛成意見・反対意見を出す
⑦多数決を行う
⑧③～⑥を柱2「ルールを定着させるために」についても行う
⑨この時間の話し合いについてふり返る

3　展開例

(1) 議題について、教師と司会団で話し合う（課外）

司会団は、出席番号の早い4人です。今回の議題は、司会団に教師から次のように投げかけて決定しました。
『これからの学級での話し合いに、全員が安心して楽しく参加することができるようにするために、どんなルールがあるといいかな』
「話さなくても、一生懸命意見を聞き合うといいと思う」「きちんと最後まで発表を聞く」「頑張った人にみんなで拍手をする」
『いいですね。第1回めの学級会の議題を“全員が安心して話し合いに参加するための新しいルールを決めよう”にしませんか。みんなに提案してみましょう』

コミュニケーション指導のポイント 議題を魅力あるものにするために、「新しい」「楽しい」「これからの」といった言葉を使います。面白そう、いろいろな意見を出し合おうという気持ちがわきます。

(2) 話し合いの議題と柱を知り、自分の考えをもつ

学級会までに、司会団は決定した議題とその提案理由、話し合う柱をみんなに知らせます。柱の内容について、事前に個人で考えをもって臨ませることで、参加者・当時者としての意識を高めることができます。

コミュニケーション指導のポイント 話し合いのよさは、多様な考えや経験を出し合って、新しいアイディアを生むことにあります。

(3) 対話・話し合いのグランドルールについて、学級会で話し合う

司会団からの自己紹介と役割紹介が済んだのち、議題と提案理由、今日のめあてを確認します。今回は、グランドルールについて個人で考えたことをもとに班で話し合い、各班から一つずつルールとしたい意見を発表するところから全体での話し合いを始めました。班ごとの発表が始まる前に、次のようにフロアーに投げかけました。
『質問をするつもりで発表を聴きましょうね。質問は恥ずかしいことではありません。分からないことがあれば、誰かが聞くだろうと考えず、みんなのために遠慮なく質問します』

コミュニケーション指導のポイント 「聞くことは恥ずかしいこと」という概念を壊します。質問事項について、ほかの人も同じように分かっていないのだとしたら、質問はみんなへの思いやりでもあります。

司会「それでは、意見を発表してください」
—「ぼくたちは、“分からないことがあったら手を挙げて質問する”です。

理由は、授業中で分からないことがあっても、恥ずかしくて手を挙げられず、分からないままの人が多くいると思ったからです」

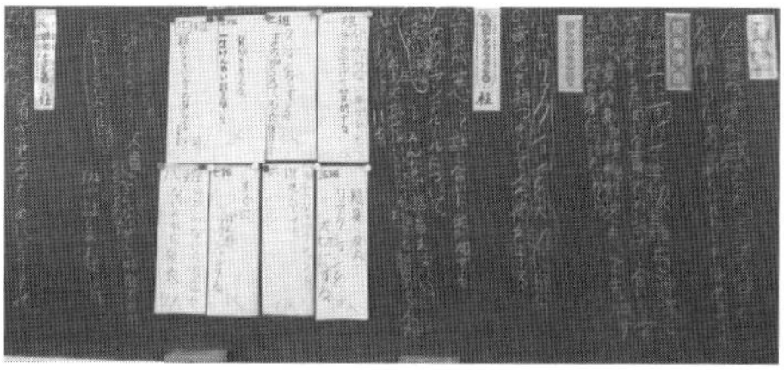

「私たちの意見は、“一生懸命話を聞いて、質問を考える”です。もし質問できなくても、一生懸命話を聞いて質問を考えるだけでも、話し合いに参加していることになるからです」

「“小さなリアクションをすすんでする”にしました。理由は、リアクションを大切にすれば相手に安心感を与えられると思ったからです」

　全ての班からの発表が終わりました。

司会「みなさん、ありがとうございました。それでは、これらの意見について、質問を発表してください」

「“態度・反応を大切にする”とは、何をすることですか」

―「笑顔でうなずくことです」「間違えたとしても発表したことには意味があって、発表した人は頑張ったんだから、拍手をしたらいいと思います」

司会「ほかに質問はありませんか」

「“話さなくてもいい”というのは、“今は”話さなくていいというふうにした方がいいんじゃないですか」

―「…」

　フロアーが少し沈黙しました。発言の意図が伝わっていないと考え、教師が手を挙げ介入しました。

『ちょっといいですか。今のはどういった意味の質問ですか』

―「えっと、“話さなくていい”だと、全員参加にならないから、ずっとそれではいけないと思います」

コミュニケーション指導のポイント

教師の介入は、フロアーの話し合いを尊重し、端的に行います。理由は十分か、何を質問したかったのか、提案理由を意識しているか等を確認し、意見の吟味を促します。

司会「みなさんは、どう思いますか」
司会「班の人と 30 秒間、話し合ってください。(30 秒後）意見を発表してください」
—「話さなくても、一生懸命聴いていればそれでいいと思います」
「“今は話さなくてもいい”に賛成です」
「一生懸命考えたなら、参加しているからそれでいいと思います」
司会「意見を比べ合いましょう。賛成意見や反対意見を言ってください」
—「私は、“自信のない人から発表する”に賛成です。理由は、いつも分かる人や自信のある人から発表して、すぐに終了していたからです」

賛成意見や反対意見を受け付けたあと、多数決で意見を絞り込みます。
司会「多数決を採ります。いいと思うものに手を挙げてください」

黒板書記が挙手の数を数えて板書し、意見を決定します。決まったことを伝え、次の柱 2 についての話し合いに進みます。

(4) この時間の話し合いについてふり返る

『とてもよかった意見を言います。“安心感のある態度”について、具体的にどうするかという質問がよかったです。A さんの“話さないことは本当によいことか”という意見は、本当か・正しいかを真剣に考えた上での意見でみんなの議論を深めました。B さん、C さんは、発表する友達へ体ごと向いて目を見て、うなずきながら聴く「小さな反応」が素晴らしかったです。また、司会の“皆さんはどう思いますか”とフロアーに返していたのもよかったです。1 対 1 にならないように、全員に聞けていました。司会団の友達に拍手をしましょう』

フロアーからも感想を述べさせ、うまくいった点やその理由、次に頑張りたいことなどをノートに書くようにします。

コミュニケーション指導のポイント 技術的なことより内容に価値を置きます。みんなの議論を深めたりまとめたりした意見、対話をするときの身体の動きなど、具体的な発言や行為を引用して価値付けます。

4　発展と応用

(1) 学級会の年間のステップとそのポイント

学級会での話し合いが軌道に乗ると、他者との関わりにおいてめざすレベルが上がっていきます。今よりも広い世界の人との関わりを積極的にもとうとし、規模が拡大していくのです。菊池氏は、そのステップを次の３段階にまとめています。レベル１「楽しさの実感をめざす」、レベル２「生活の改善・向上をめざす」、レベル３「社会貢献をめざす」

他者と協力し合って問題を解決することの重要性に気づかせ、集団のために貢献できることの意義や大切さを実感できるようにします。

話し合いは、進化するものです。教師の介入も、初期の段階では多く行いますが、次第に手を放していくようにします。年間を通して回数を重ねるにつれて、フロアー側から司会団への提案や黒板記録・ノート記録の発言、うまくいった点とうまくいかなかった点のふり返りなども多く取り入れていき、自治的・自発的な風土の育つ学級会に進化させます。

(2) 他の学年で実施する際の差異

本活動は、高学年を想定した実践です。１年生には、「総意を決める子どもたちによる話し合いの活動」という、そもそも学級会が何なのかということから指導する必要があります。

低学年では、原案を教師側から提案して司会団と一緒につくるとよいでしょう。「にっこりきこう」「かんがえはかわっていい」「なにをいってもだいじょうぶ」といった内容で３個程度を提案し、具体的な行為として何をすればよいかを話し合わせるようにします。

中学年では、原案を５個に増やします。理由を明確に話し、自分と異なる意見も受け入れさせながら合意形成を図ります。

第６章
コミュニケーション科の授業（6）個と集団を育てる議論力

❸子ども熟議

民主主義の根幹を学ぶ

篠原　肇（菊池道場北九州支部）

1　ねらい

「子ども熟議」は、今まで培ったコミュニケーション能力を複合的に使いながら、「自分たちの生活を自分たちの手でよりよくする」ために用いられる話し合いの形式です。「子ども熟議」の特徴は大きく３つあります。

１つめは、「みんなが幸せに生活するには、どうすればよいか」を考える民主主義の根幹をなしていることです。この「みんな」は、様々な立場の人を意味しています。同じ地域の方々、異学年の人など、立場が違う一人ひとりの意見を大切にしながら、共に話し合うことに大きな価値があります。ですから、たとえ同じ学年の同一年齢の人でさえも、「一人ひとり違っていい」という意識をもつことが大切になります。

２つめは、話し合いのプロセスを大切にすることです。もちろん、問題解決に向かって話し合うので、解決策のゴールも大切です。しかし、「子ども熟議」は、文字通り熟考しながら話し合いを重ねていきます。その中で、行き詰まったり、全く違う視点から話し合いが進んで行ったり、紆余曲折を経て解決へ向かっていきます。みんなでその思考過程をたどりながら、よりよいものをつくるために、時間をかけて何度も「考え続ける」ことが大切です。

３つめは、社会参画への意識が高まることです。「子ども熟議」では、社会的なテーマを扱う話し合いが多くなります。少人数の話し合いで、自分の役割を果たし、積極的に問題解決に参加するようになることで、社会参画の意識が高まり、未来へ向かうダイナミックな話し合いが展開されていきます。

2　主な展開

(1) ねらい

子どもたちの身近な問題をテーマにして、少人数グループで話し合いを重ね、個人で考えた以上の意見を生み出すことをねらいます。

(2)「子ども熟議」の流れ

①グランドルールづくり 「子ども熟議」を円滑に進めるために、学級全員が守るべきルールを決めます。それらを黒板や画用紙に書いて目に見えるところに示します。
②話し合いの準備 チームの人数は7～8人が適当です。「○○チーム」とチーム名を決めさせると、団結力や意欲が高まります。模造紙、画用紙、付箋などを数種類用意し、各チームに選ばせます。
③子ども熟議 「課題出し→課題の具体化→アイディア出し→アイディアの具体化→全体での共有」という順で熟議を進めていきます。課題やアイディアは付箋に書きます。それらを出し合い、お互い質問をし合ったり、説明し合ったりすることで、内容を詳しくしたり、新しい意見を見出したりするようになります。
④実践と行動 子ども熟議を経て、個人で取り組むことを実行し、必要に応じて学級会等を開き、役割を決めて一人ひとりが実践できるようにします。

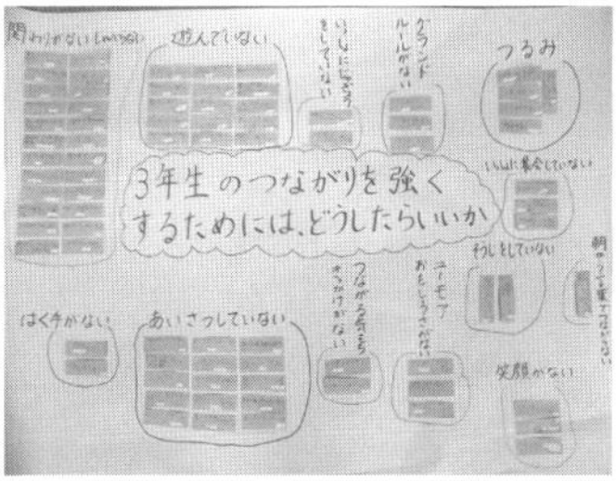

3　展開例【3 年生　11 月の実践　総合的な学習の時間】

〈本時までの指導〉

①グランドルールづくり

1 学期に熟議を始める前に、学級で熟議のグランドルールをつくりました。

②テーマ

授業の初めに、議題箱の意見を参考にしてテーマを決めました。

グランドルールの例

1　始めと終わりはあいさつをする。
2　笑顔で話す・聞く。
3　人の意見の悪口を言わない。
4　人の意見を途中でさえぎらないで、最後まで聞く。
5　どんな意見でも最高の受け止め方をする。（拍手・質問・「いいね」）

テーマ　「3 年生のつながりを強くするには、どうしたらいいか」

〈指導の実際〉

③子ども熟議

～課題出しの場面～

にこにこチームでは、個人で付箋に課題や問題を書く時間が終わり、それを出し合いながら、仲間分け（グルーピング）の活動が行われています。

A「「授業」って書いてあるけど、どういう意味なの？」

B「今までぼくたちは、運動会の練習の時しか一緒に授業を受けていないよね…」B くんは、一生懸命考えて言葉を続けようとしています。

C「あの…」おとなしい C さんは、何か言いたそうでしたが、B くんが真剣に考えていたので、身を乗り出して意見を聞こうとしました。

B「だから、もっといろいろな授業で一緒に勉強しないと、つながりは強くならないんじゃないかな」続きの意見を口にすることができました。

C さんはうなずきながら、全身で B くんの話を受け止めていました。

A「そうだね。その意見はどういうグループにしたらいい？」

D「『一緒に学ぶ』というキーワードはどうかな」

『C さんが一生懸命聞いていたから、B くんの意見が出てきたんだね。

みんなで聞き合うって、素晴らしいことだね』

コミュニケーション指導のポイント　発言できなくても、友達の話を一生懸命聞いている人を取り上げることで、話し合いは深まります。まずは、教師が手本を示しましょう。

～アイディアの具体化の場面～

G「あいさつについて話し合っていくね。質問がある人いますか？」

E「Fさん、なぜほかの組の人とあいさつをすると、つながりが強くなるの？」

F「私はいつも2組や3組の人とあいさつをしていません。もし、これからあいさつできるようになったら、朝から笑顔になれるし、つながりができると思ったの」Cさんがそっと「笑顔」「つながり」と書き込んだ。

A「いいと思う。だけど、あいさつだけでつながりが強くなる？」

D「そうだよね…。この学級であいさつするときは、『○○さん、おはよう』って言っているけど…」

　次第に意見が出なくなっていきました。その様子を見ていた私が、『みんな、行き詰まったときは、一度上から模造紙を眺めてみよう。何か新しい気づきが生まれるかもしれないよ』と声をかけました。

　子どもたちは少し離れてから自分たちの模造紙を眺め始めました。

D「あっ、ここに、「ほめる」って書いてあるでしょ。あいさつするときに、一言その人をほめたらどうかな？」

Dさんは、「あいさつ」が書かれてある場所から、少し離れたところを指さしながら言いました。

「いいね。1組でもやったことあるね」「お互いのことをほめ合えたら、仲良くなりそう」「そうやって、つながれたら、ほめ言葉のシャワーもできるんじゃない？」口々に意見が出て、一気に盛り上がってきました。　Cさんは、「あいさつ」と「ほめる」を線でつないで、「あいさつのときに一言ほめて仲良くなる」と書き込みました。その近くに「2組、3組とほめ言葉のシャワー」と、目立つ色で書き加えました。

コミュニケーション指導のポイント 話し合いが行き詰まったら、少し離れて模造紙を眺めさせることで、話し合いの全体が俯瞰でき、新たな気づきや発見が生まれます。

～各チームの発表場面～

『それでは、各チーム１分程度で発表してください』

にこにこチームが前に出てきて、代表でＣさんが話し始めました。

Ｃ「私たちにこにこチームでは、３年生のつながりの課題は『あいさつ』だと考えました。私たちは、クラスが違う友達とそれほどあいさつをしていません。あいさつは、人と人のつながりの基本だと思います。そこで、私たちは３年生のつながりを強くするために「あいさつ＋一言」というアイディアを出しました。名前をつけてあいさつしたり、あいさつのあとにその人のよいところをほめたりします。そうすることで、朝からプラスの言葉でつながりができると思います。プラスの言葉や価値語を使って、いいところをほめ合うことを大切にしていきたいです。そして、いつか２組や ３ 組の人とも『ほめ言葉のシャワー』をしてみたいです」

教室から、大きな拍手が起こりました。

『にこにこチームの話し合いで、Ｃさんは、普段から少し控えめだけど、みんなの意見を一生懸命聞いて、模造紙に書き込んでいました。友達の考えを大切にしながら、こうやって話し合いの流れを話せたことは素晴らしいことです』さっきより大きな拍手がＣさんを包みました。

『どのチームも白熱した熟議をすることができました。自分たちのことを自分たちで、「なんとかしたい！」という情熱をもって話し合うことは、とても大切なことですね。このあとは、実践化に向けて具体的に学級会で計画をしていきましょう』

4　発展と応用

〈低学年〉

①テーマ例：「みんなが仲良くなるために、お楽しみ集会をしよう」

「楽しさ」を基本に話し合いを考えていきます。テーマも、みんなが楽しく考えられるものを選びます。

②話し合いの規模：学級（アイディア出し中心型）

③活動内容：たくさんアイディアを出したり、意見を合わせて新しい意見をつくったり、「話し合いって楽しい」という感覚を身につけさせたいです。意見は、「一人ひとり違っていい」という話し合いの土台となる考え方も、楽しさの中から気づかせたいです。

〈中学年〉

①テーマ例：「3年生のつながりを強くするために、どうすればよいか」

発達とともに活動する世界が広がっていきます。学級の枠を越えて、学年のことをみんなで話し合うことができるようになります。

②話し合いの規模：学級・学年（課題からアイディアに向けた問題解決型）

③活動内容：中学年では、話し合いの中で、自分の役割に責任をもって行動できるようになります。ファシリテーターの役を経験することで、豊かな人間関係も育ってきます。

〈高学年〉

①テーマ例：「新しい6年生を送る会はどうあるべきか」

「学区内の方たちとの関わりは今後どうあるべきか」

学校生活全体から考えていく視点をもちたいです。また、自分たちの地域のことを話し合うことで、社会に向かう意識や態度も育てます。

②話し合いの規模：学級・学年・異学年（代表委員会など）・地域の方々

③活動内容：高学年になると、より様々な立場の人と一緒に話し合うことができるようになります。その時に、「温かい空気をつくる」「相手の立場を考えて話し合う」「フォロー発言や意見をつなぐことを意識する」など、より高いレベルの意識が求められます。

第**7**章

コミュニケーション科の授業（7）

社会形成力

総論

❶係活動
❷委員会活動
❸代表委員会

第７章

コミュニケーション科の授業（7）

社会形成力（総論）

堀井　悠平（菊池道場徳島支部）

1　本章で捉える『社会形成力』とは

本章では『社会形成力』を、次のように捉えています。

①一人ひとりが、自分らしさを発揮しながら、
②みんなのことを、みんなで話し合い、みんなが幸せになるために、必要なことを決めたり変えたりすることを通して、
③よりよい集団や社会をつくっていく力

『社会形成力』を、３つに分けて考えました。

①の柱は「自分らしさの発揮」です。その土台となるのは、自分の居場所があるという安心感です。安心感のある集団の中で、それぞれが個性を磨き合い、自分らしさは何かを考えるようになります。そして、次第に集団としても大きく成長していくのです。コミュニケーション科では、このような「健全な集団や社会」をつくることをめざしています。

②の柱は「自治の力」です。自治の力は、温かい人間関係を形成することや、学級や学校のよりよい文化を創造することにもつながります。そして、自分たちで話し合って決めたことは責任をもって、みんなで実行していこうとする実践力を育てることにもつながります。

③は、①と②がめざすべきゴールと言えます。自分らしさを発揮できる安心感のある集団で、自治的な活動を通してゴールへと向かいます。そして、「自分の力がみんなの役に立った」「みんなで問題を解決することができた」「地域の人に貢献する喜びを知った」といった実感を伴った経験が、子どもたちを主体的な社会の形成者へと導きます。

このように『社会形成力』を育成することは、コミュニケーション科がめざす「健全な市民を育てる」ことにもつながるのです。

2　本章で紹介する『社会形成力』を育てる実践

『社会形成力』を育てる実践の核となるのは「特別活動」です。特別活動の目標や内容からも、コミュニケーション科がめざす「健全な市民」を育てることに、直接アプローチができる領域だと言えます。

ここで紹介する、「係活動」「委員会活動」「代表委員会」の３つの実践は、①～③のステップで「活動の規模の拡大」をねらいにしています。

①係活動

係活動は、自分らしさを発揮し、学級に貢献する活動です。互いのよさを磨き合い、学級をよりよい集団へと成長させます。一人ひとりが、学級を創造する一員として輝く場なのです。係活動は、コミュニケーション科が大切にしている「自分らしさの発揮」や「互いの個性を理解し、尊重し合う」ことを実現させるための近道となります。

②委員会活動

①の係活動が、学級に貢献する活動であるならば、委員会活動は全校に貢献する活動と言えます。学級から学校へと活動の規模が拡大します。学級活動で身につけた自治的な力を発揮して、よりよい学校をめざして話し合い、全校を巻き込んだダイナミックな活動をすることができます。活動が発展すれば、地域社会に貢献する活動を行うこともできるでしょう。子どもたちが、社会参画や社会貢献をする第一歩になります。

③代表委員会

代表委員会は、子どもたちの「最高議決機関」です。コミュニケーション科で身につけた力を総合的に発揮して、みんなのことを、みんなで話し合って、みんなが幸せになるために、必要なことを決めたり変えたりします。「学校を、自分たちで変えていく」「楽しく豊かな生活は、自分たちで創っていく」ということを自治的な活動の中で学ぶのです。

以上３つの実践は、どれも複合的・総合的に絡み合っています。そして、どの実践も活動を繰り返す中で、子どもたちの創造的で発展的な活動になっていくのです。長いスパンで実践を進化させていきましょう。

第７章

コミュニケーション科の授業（7）　集団や社会を形成する力

❶係活動

自分の本当に好きな係を決めよう

堀井　悠平（菊池道場徳島支部）

1　ねらい

係活動は、子どもたち一人ひとりが、自分の好きなことや得意分野を「係」にして活動します。ある程度の自由度を保障しているので「自分らしさ」を発揮できる場となります。

一般的には、みんなで遊ぶ計画をする「遊び係」や、誕生日をお祝いする「誕生日係」といった定番の活動が多いのではないでしょうか。場合によっては、「黒板消し係」や「配り物係」など、当番活動と混同しているケースもあります。決められた活動では、子どもたちはすすんで活動に取り組むことができません。

したがって、子どもたち一人ひとりが、自分の好きなことや得意なことを「係」として活動できるようにすることが大切です。それぞれが「自分らしさ」を発揮した活動がしやすいからです。

しかし、すぐに子どもたちが「自分らしさ」を発揮することができるわけではありません。安心して「自分らしさ」を発揮できる学級の土台がないと難しいのです。学級活動は、教師と子どもが一緒に創りあげていくものです。待つことも大切ですが、必要に応じて教師が関わっていきましょう。そして、自分らしさを発揮した場面では、しっかりと価値付けます。「自分らしさ」を大切にする教師の姿勢は、子どもたちが「自分らしさ」を認め合うことにつながっていくのです。

活動が軌道に乗り始めると、子どもたちは自主的に創意工夫を生かして活動に取り組むようになります。そして、学期を重ねるごとに自分らしさを発揮したダイナミックな活動を展開するようになるのです。

係活動は、学級の成長とともに進化していくものだと考えましょう。

2　主な展開

学期初めに、一人ひとりが好きな係を決めるための授業をします。

(1) 主なねらい

新しいオリジナルの係についてアイデアを出し合い、自分の本当に好きな係を決めることができるようにします。

(2) 1時間の主な展開

(1) 係活動のねらいを知る

①当番活動と係活動の違いを知る。

②教師から、係活動のねらいについて話を聞く。

(2) 新しいオリジナルの係を考え、ペアで話し合う

①新しいオリジナルの係について考え、ノートに書く。

②ペアで話し合い、アイディアを増やす。

③発表する。

(3) グループで話し合って、係の数をさらに増やす

①グループで話し合って、さらにアイディアを増やす。

②発表する。

(4) 自分の本当に好きな係を決める

①係の活動内容が分からないものに、質問をする。

②自分の本当に好きな係を決め、ネームカードを貼る。

③教師から、今後の係活動の進め方や発展例について話を聞く。

まずは、当番活動と係活動の違いをはっきりさせ、教師から係活動のねらいや学級への願いを語ります。

その後、新しいオリジナルの係を、子どもたちの好きなこと、得意なことと照らし合わせながら考えます。なかなかアイディアが広がらないときには、「こんな係があったよ」「TV番組やYouTubeをヒントにしてごらん」などと教師からアドバイスをしましょう。「一人一係」になるぐらいまで、繰り返し話し合ってアイディアを広げていきます。

最後に、ネームカードを貼って係を決めます。その際、友達で選ぶのではなく、自分の本当に好きな係で選ぶことができるようにしましょう。

3　展開例

(1) 係活動のねらいを知る

『1学期の係活動を決めますよ』

　と、声のトーンを上げて言いました。しかし、反応がパッとしません。

　そこで、今までにどんな係をやったことがあるかを聞きました。

「黒板係」「電気係」「バースデー係」「イベント係」などの答えが返ってきました。それらを当番と係に分類して黒板に書きました。

『先生は、2つに分けて書きましたね。なぜでしょう？』

「何だろう？」と、子どもたちは困った表情です。そんな時、一人の女の子が「黒板係とか電気係は、当番じゃないかな」とつぶやきました。

『おっ、今○○さんが正解をつぶやいたよ。言える人？』

「黒板係や電気係は、当番じゃないかと言っていました」

『よく聞いてたね。つぶやいたAさんと、それをよく聞いていたBさんに拍手！』教室の空気がほぐれてきました。

　給食や掃除当番を例に挙げながら、当番活動と係活動の違いを説明したあとに、係活動のねらいと教師の願いを話しました。

『私は、自分らしさを安心して出せるクラス、自分らしさを認め合えるクラスになってほしいと考えています。だから、自分の好きなことを係にして、みんなのために活動する係活動を大切にしています。それぞれの個性を認め合って、楽しい活動をしていきましょうね』

　子どもたちは、真剣に耳を傾けていました。

コミュニケーション指導のポイント　係活動は、教師と子どもが一緒に創り上げる活動です。その一員として、教師がめざす学級像を語り、「自分らしさ」を大切にする姿勢を示します。

(2) 新しいオリジナルの係を考え、ペアで話し合う

『今までやってきた係もいいんだけど、せっかくなら自分らしさを発揮できる「新しいオリジナルの係」を考えたいですよね？』

「新しいオリジナルの係ですか？」イメージがもてていないようです。
そこで、いくつかヒントを出しました。
『今まで担任した学級ではね、絵の得意な子が「四コマ漫画会社」で漫画を描いたり、昆虫好きの子は「昆虫研究室」という係で、捕まえてきた昆虫を飼育して、その特徴を新聞にまとめたりしていましたよ』
数名が身を乗り出して「楽しそう！」と目を輝かせていました。
1人で書く時間を取ったあと、ペアでアイディアを出し合いました。「お笑い係」「天気予報係」「ホラー係」「ニュース会社」など、15個ほどの係が出てきました。それらを全て黒板に書き出します。

コミュニケーション指導のポイント 「自分らしさ」を発揮できる係の例をアドバイスすることで、子どもたちの意見を広げていきます。

（3）グループで話し合って、係の数をさらに増やす

『新しいオリジナルの係が出てきましたね。まだ終わらないよ。次は、グループで話し合います。みんなで話し合ったら何個ぐらい増えそう？』
1人の男の子に聞くと「あと15個は増えます」と元気よく答えました。
ここで、さらにアドバイスをしました。
『皆さん、テレビ番組やYouTubeの動画を見たことがあるでしょ？その時に、みんなを楽しませるためにいろんな面白いことを考えてやっていますよね。そういったものもヒントにして考えましょう』
好きな番組名やチャンネル名をワイワイと言い合っています。
その後、グループで話し合いをさせました。
しばらくすると、話し合いが停滞している班を見つけました。
『中村さんは、ダンスを習っていたよね？』
「はい、やっています」
『今流行りの○○ダンスも踊れるの？あれ、難しいんでしょ？』
「難しいですけど、サビのところなら踊れますよ」
『えっ、本当に?!じゃあさ、ダンスの係とかはどうかな？』
「それ、いいね。中村さんにダンス教えてもらいたい」
子どもたちの表情も明るくなり、自然と会話が弾んでいました。

コミュニケーション指導のポイント　子どもの好きなことや得意なことを質問して、自分らしさを発揮できるものに気づけるようにします。

　話し合いのあと、再び子どもたちに発表させました。
「都市伝説係」「学校の秘密クイズ」「みんなにアンケート」「読み聞かせ隊」など、先ほどよりも20個増え、合計50を超えるオリジナルの係が出てきました。その数に、思わず大きな拍手が起こりました。

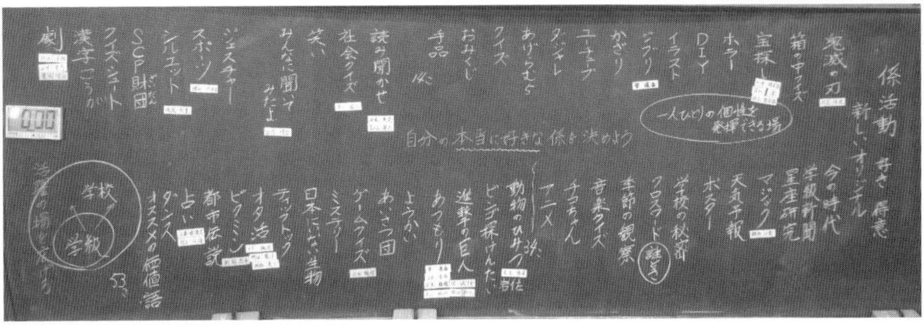

(4) 自分の本当に好きな係を決める

『黒板に書かれた係の中で、全く予想がつかないものはありますか？』
　と問い、活動の中身が分からないものに質問させました。
　大まかな内容がつかめたところで、黒板に「自分の本当に好きな係」と「好きな友達がいる係」の２つを書きました。
『自分らしさを発揮して楽しい活動ができるのは、どっちですか？』
　全員が「自分の本当に好きな係」を選びました。
　そして、自分の好きな係にネームカードを貼らせました。係や人数の調整をして、合計12個の新しい係が誕生しました。
『これから活動する中で、係はどんどん進化していきます。係の名前を変えたり、他の係とコラボしたり、別の係とかけ持ちしたりしてもいいです。自分らしさを発揮し合って、楽しい活動にしましょう』
　最後にこう話すと、子どもたちは生き生きとした表情になりました。

コミュニケーション指導のポイント　活動の自由度を保障することで、子どもたちが安心して係活動に取り組めるようにします。

4　発展と応用

(1) 係活動の年間のステップとそのポイント

係活動が軌道に乗れば、創造性あふれる活動に進化していきます。そのための絶対条件は『活動時間の確保』です。朝の活動や隙間時間を基本としますが、月に１回学級活動の時間を使うといった工夫も必要です。係活動を決めた直後は、朝の活動を５日間「係活動タイム」にして、十分な時間を確保することで、係活動は少しずつ軌道に乗っていきます。

しかし、いくら時間を確保しても、一人ひとりの活動への取り組み方には差が出てきます。みんなの前で活動を行わないことが、その例です。基本的には待ちますが、必要に応じて教師が関わることが大切です。

次のような『最低限のルール』を決めるといいでしょう。

①係のポスターや新聞を作成する
②学期に１回は、ミニ集会（朝の活動や休み時間の10分程度）を開く

軌道に乗ってきたら、コンテスト、バトル、トーナメントなどのイベントや、学期末に「係活動祭り」を企画するようにアドバイスして、子どもたちが活動の規模を拡大できるようにします。

このような活動を繰り返すことで、子どもたちは自主的に活動に取り組み、クラス全体が楽しめる活動へと進化させていきます。

(2) 低学年は「お店屋さん」、高学年は「会社活動」で

発達段階や学級の実態に応じて、より創造性あふれる楽しい活動を生み出すために、係活動の「ネーミング」を変えるといいでしょう。

例えば、低学年では「お店屋さん」「○○ランド」という活動名にします。これまでに経験した遊びの中から様々なアイデアを出し合い、低学年らしさあふれる、ユニークな活動が展開されます。

高学年は、「会社活動」「○○ワールド」など、活動の幅が広がるような活動名にするといいでしょう。係単位での活動だけでなく、学級を巻き込んでの大規模な集会や、イベントを開催できるようにします。

ネーミング１つで、よりダイナミックな係活動になり得るのです。

第７章
コミュニケーション科の授業（7）　集団や社会を形成する力

❷委員会活動

委員会の「新しい活動」を考えよう

堀井　悠平（菊池道場徳島支部）

1　ねらい

本章❶で紹介した「係活動」が、学級を対象とした自治的な活動であるならば、「委員会活動」は、全校を対象とした自治的な活動と言えます。また、地域社会へと活動の幅を拡大することも考えられます。

つまり、学級から学校へ、そして地域へと、子どもたちが社会参画する規模が大きくなるのです。今後の社会参画を見据えた活動と言えます。

菊池氏は、委員会活動について、「①みんなと対話をする経験②誰かに提案する経験③みんなを巻き込んで活動する経験」といった『ダイナミックな学びができる場』だと言います。

各委員会が、自由な発想や工夫で活動を行い、よりよい学校生活をつくっていくことができます。まさに、本章でめざす『集団や社会を形成する力』を育成する核となる活動の１つなのです。

しかし、毎年同じような活動の繰り返しで改善や進化がない、子どもたちが、何のための委員会活動なのか分かっていないといった現状が多く見られます。与えられた仕事だけをこなす活動になっているのです。これでは、ダイナミックな活動どころか、本来めざすべき主体的な学校づくりの場にはなりません。

まずは、子どもたちが委員会活動の目的について理解する必要があります。「自分の役割を責任もって果たすことが大切なんだ」「学校のために、委員会の活動を工夫していいんだ」といった、考えがもてるようにするのです。そうすれば、子どもたちが様々なアイディアを出し合い、実践していくことができるはずです。そして、活動を重ねるごとにダイナミックな活動へと発展させることができるでしょう。

2　主な展開

第１回の委員会活動の前に、高学年の各学級で行う授業です。

(1) 主なねらい

委員会活動について知り、これからの学校生活を楽しく豊かにするために、創造的な活動を考えることができるようにします。

(2) １時間の主な展開

本授業は、委員会活動がスタートする５年生を想定しています。

(1) 委員会活動について知る

①委員会の写真から、どんな活動をしているかを考える。

②委員会活動の目的や、各委員会の役割を知る。

(2) 委員会の新しい活動を考える

○新しい活動を考え、ノートに箇条書きする。

(3) 委員会ごとにグループをつくって、話し合う

①委員会ごとにグループをつくり、新しい活動について話し合う。

②発表者を決め、各委員会の新しい活動を発表する。

(4) 委員会活動の目標を書く

①新しい活動で、学校や地域はどうなっていくかを考える。

②１学期の委員会活動の目標を書く。

導入では、１つの委員会の写真を例にして、子どもたちとのやりとりの中から、委員会活動の目的や役割について理解できるようにします。委員活動は、楽しく豊かな学校生活を実現するための創造的な活動であることを押さえることが大切です。

新しい活動を考える場面では、具体的な活動例や、地域進出など活動範囲の拡大についてアドバイスすることで、考えの幅を広げさせます。

委員会ごとにグループをつくって話し合う場面では、子どもたちの創造性あふれる考えをしっかりと取り上げていくようにしましょう。

終末部では、今後の活動のビジョンを共有したあと、自分の目標を書きます。今後の委員会活動への意欲を高めて授業を終えることが大切です。

3　展開例

(1) 委員会活動について知る

チャイムと同時に、図書委員会が活動する写真を見せました。

すぐに、「あっ、図書委員会の人だ」と、一人の男の子が反応しました。

『そうですね。図書委員会の人は何をしているんですか？』

「休み時間に本の貸し借りをチェックしています」

『図書委員会の人は、ほかにどんな活動をしているか知っていますか？』

「えー、他に何しているんだろう？」みんな困った表情をしています。

「あっ、読書賞の表彰をしている」「おすすめの本も紹介しているよ」

ほかの子どもたちも、「そうそう」と、うなずきました。

『図書委員会の人たちは、なぜこのような活動をするですか？』

と続けて問いました。子どもたちは、またしても悩んでいる様子です。

そこで、ペアで相談する時間を取りました。

「図書室で本を借りる人のため」

「みんなに本を好きになってほしいから」といった考えが出されました。

『そうだね。委員会は学校のみんなのために活動しているんだね。学級では、当番活動と係活動をしていますね。じゃあ、委員会活動は学校版の当番活動？それとも、係活動？』

「えー、当番と係の両方はだめですか？」と訴えてくる子がいました。

『どうして、そう考えたの？』

「本の貸し出しは当番の仕事で、本紹介は係活動だと思ったからです」

ほかの子どもたちも「確かに」「なるほど」と納得した様子です。

『委員会活動は、当番のように役割分担して責任をもってする活動と、係活動のように、それぞれの委員会が工夫して行う活動があります。どちらも、みんなが楽しい学校生活を送れるように活動するのです』

このように、委員会活動の目的について説明しました。

コミュニケーション指導のポイント 一方的に活動の目的を話すのではなく、子どもたちとの言葉のキャッチボールの中から、その目的や意味を押さえ、全体に返していきましょう。

（2）委員会の新しい活動を考える

黒板に「新しいことに挑戦」と書き、次のように話しました。

『これから委員会活動がスタートします。毎年同じような活動をするのと、新しい活動に挑戦していくのと、どっちがいいですか？』

全員が、新しい活動に挑戦すると決めました。

『みんなが楽しい学校生活を送れるように、どんな活動ができるのかを考えます。これまでにない、新しい活動を考えましょう』

あまりピンと来ていないようなので、いくつかアドバイスをしました。

『例えば、放送委員会は、「△△小ニュース」の時間をつくるとかね』

子どもたちから「それ、いい！」「楽しそう」と声が上がりました。

『ボランティア委員会の人は、地域に出て清掃活動をするとかね』

「地域の人のためにも活動していいんですか？」

『はい！活動が進化していけば地域に飛び出すこともあるだろうね』

コミュニケーション指導のポイント 委員会では、ダイナミックな活動を行いたいものです。教師からのヒントによって考えを広げます。

（3）委員会ごとにグループを作って、話し合う

話し合いの前に、黒板に「3＋3＝6↑」と書いて、説明しました。

『話し合いは、考えを増やします。3つずつ考えをもった人同士が話し合うと、考えは6つ以上に増えていきます。新しいアイディアが生まれるような話し合いをしましょう』

委員会ごとにグループをつくり、話し合いを始めました。

「栽培委員会で花を育てて、学校中に飾るのはどう？」

「いいね。みんなが楽しくなりそうだね」

「自分たちが育てた花を、老人ホームのお年寄りにプレゼントするのはどうかな？さっき先生が、地域に出て行ってもいいって言ってたよね」

「いいね！老人ホームもいいけど、保育所に配るのは、どうかな？」

ここで、話し合いが活発なグループを取り上げました。
『栽培委員会の人たちは、自分たちで花を育てて、それを学校に飾ったり、地域の人たちにプレゼントしたりするんだそうですよ！』
「お～！」という声が上がりました。話し合いが停滞していたグループもヒントをもらい、再び活発な話し合いが始まりました。

話し合いのあと、委員会ごとに考えたことを発表させました。
「体育委員会は、もっと外遊びをしてほしいからスポーツ集会をします」
「図書委員会は、全校ビブリオバトルをして、みんなにも本の紹介をしてもらいます」といったアイディアが出されました。

コミュニケーション指導のポイント 活発な話し合いになるように、教師は子どもたちの様子を見ながら「つなぎ役」に徹します。

(4) 委員会活動の目標を書く

黒板に「新しい活動を実行すると、□。」と書きました。
『各委員会が、このような新しい活動を実行すると、学校や地域はどうなるでしょうか？四角に言葉を入れて文を作りましょう』

しばらく書く時間を取り、発表させました。
「みんなが楽しい学校になる」「今以上にいい学校や地域になる」「地域の人たちと交流できる」といった考えが出されました。

全ての考えを認め、次のように指示を出しました。
『では、このような学校や地域にするために、1学期にどんな目標をもって活動しますか？自分の目標を書きましょう』

どの子も懸命に鉛筆を走らせていました。最後に、
『来週から委員会活動がスタートします。今日考えたアイディアを委員会の中で話し合い、新しい活動に取り組んでいきましょう』

子どもたちは、とてもよい表情をしていました。

コミュニケーション指導のポイント 子どもたちの意見を笑顔でしっかりと受け止めます。言葉が足りないときには「○○さんの考えは～ということだよね」とフォローする言葉を入れましょう。

4　発展と応用

■ 6年生での授業例『これからの委員会活動は、どうあるべきか』

「3　展開例」では、委員会活動をスタートする5年生を想定しての展開を説明しました。1年間、委員会活動を経験した6年生で実践する場合には、これまでの活動の反省から問題点を洗い出し、解決策を話し合う問題解決型の授業展開を行います。

〈主な展開例〉議題『これからの委員会活動は、どうあるべきか？』

（1）これまでの委員会活動の問題点を洗い出す

①これまでの委員会活動の反省点を、ノートに箇条書きする。

②問題点を出し合う。

③問題点について質疑応答する。

（2）問題点の解決策を出し合う

①問題の解決策をノートに箇条書きする。

②解決策を出し合う。

③解決策について質疑応答する。

（3）解決策から各委員会での具体的な活動内容を考える

①解決策を基に、各委員会が「どのような活動に取り組むのか？」について話し合う。

②委員会ごとに話し合ったことを発表する。

※時間があれば、各委員会の活動内容について質疑応答する。

（4）これからの委員会活動の個人目標を書く

○本時の話し合いを基に、これからの委員会活動の目標を書く。

委員会活動の授業でねらうのは、子どもたちの創造的な活動を引き出すことです。しかし、係活動と同じように、すぐに創造的な活動ができるわけではありません。『全校を巻き込んだ楽しい活動を考えよう』『学校だけでなく地域の役に立つ活動はできないかな？』といったアドバイスが必要です。そして、委員会活動は、教師と子どもが一緒に創るという意識をもって、粘り強く活動に取り組んでいきましょう。

第７章

コミュニケーション科の授業（7）　集団や社会を形成する力

❸代表委員会

学校を創る主体者としての自覚をもたせる

堀井　悠平（菊池道場徳島支部）

1　ねらい

代表委員会は、みんなのことをみんなで話し合う最高機関です。学校生活の問題について話し合い、解決したり修正したりすることを目的にしています。民主的な考え方や在り方を学ぶ場でもあります。

菊池氏は、代表委員会について次のように言います。

> 「みんなのことを、みんなで話し合って、みんなが幸せになるために、必要なことを決めたり変えたりする」
>
> 教室でも学校でも一番大事なことだと思います。
>
> これからの時代を生きるのに役立つ学力だと思います。

自分たちで学校をより楽しく豊かなものにするという経験や実践力は、子どもたちの大きな力になることは間違いありません。代表委員会をはじめ、児童会活動は、子どもたちの成長に大きな影響を与えます。そして、子どもたちが主体的に児童会活動に取り組むことで、新しい学校文化が芽生えるなどの大きな効果もあります。

しかしながら、代表委員会では、

・毎年、決められた議題で話し合っている

・話し合いをしても、ほとんど発言しない

・代表委員会の目的を理解せずに、ただ参加している

といった状態になることも多いでしょう。それは、子どもたちが代表委員会の目的や、参加者としての自覚と責任がもてていないからです。

そこで、子どもたちに代表委員会で話し合う目的や、自分たちはどんな学校にしていきたいのかを考えさせることを通して、学校を動かす主体者としての自覚と責任をもたせることが大切です。

2　主な展開

第１回の代表委員会を前に、高学年の各学級で行う授業です。

(1) 主なねらい

代表委員会で話し合う目的や、これからめざすべき学校生活について考えることを通して、学校を動かす主体者としての自覚と責任をもって行動しようとする態度を育てます。

(2) １時間の主な展開

(1) 代表委員会について知る

○代表委員会の写真を見て、気づいたことを出し合う。

(2) 代表委員会で話し合う目的を考える

①代表委員会で話し合う目的について、自分の考えを書く。

②ペアで相談したあと、全体で発表する。

③教師からの補足説明を聞く。

(3) 校長先生の話を聞く

○校長先生がめざす学校像と具体的な計画について知る。

(4) これから、どのような学校にしたいかを考える

①「これからどんな学校にしたいか」について、自分の考えを書く。

②全体で発表する。

③一番大切だと思うものを選び、理由を発表する。

(5) ふり返りを書く

①キーワードを入れてふり返りを書く。

前半部では、代表委員会の構成を知り、話し合う目的を考えます。ここでは、みんなの学校生活をよりよいものにするために話し合うことを押さえておきましょう。

後半部では、これからの学校をどのように創っていくのかを考えます。校長先生の話を聞いたり、自分たちの考えを出し合ったりすることを通して、一人ひとりが学校を創っていく主体者であることを自覚できるようにします。

3　展開例

(1) 代表委員会について知る

　チャイムと同時に、代表委員会の写真を見せました。

『何の写真ですか？』

「学級会です」「違う、代表委員会だよ」という声が上がりました。

『どうして、そう思ったのですか？』

「机の上に委員会の札が置かれているからです」

『いいとこ見てるね！そう、代表委員会の写真です。ほかにこの写真を見てどんなことに気づきますか？ペアの友達と５つ以上見つけよう』

「司会団がいる」「委員会や学級の代表が参加している」などの情報が出される中、一人の男の子が、次のように言いました。

「学校のために真剣に話し合っているのが分かります」

　目に見えない空気感まで読み取ったことをほめました。そして「どうして真剣だと感じるのか」をペアで話し合わせました。

「話し手に正対して聞いているからです」

「全員の机の上にメモがあるからです」

『真剣さからも、リーダーとしての自覚と責任が伝わってきますね』

　子どもたちも、引き締まったよい表情になってきました。

コミュニケーション指導のポイント　考えを拡散させたあとは、要所で収束させ、代表委員会で大切にしたい点を理解できるようにします。

(2) 代表委員会で話し合う目的を考える

『なぜ、代表委員会で話し合うのですか？』

　自分の考えをノートに書いたあと、列指名や自由起立発表をしました。

- アイディアを出し合って、よりよい学校にするため
- 学校の問題を改善するため

　このような考えが出てくる中、ある女の子が「みんなが学校を好きになるため」と発言しました。
『すごくいいね！もう少し詳しく説明してくれますか？』
「みんなの問題を話し合って改善すれば、もっと楽しい学校になると思うんです。そして、全員が学校を好きになるといいなと思いました」
　子どもたちから「お～っ！」という声が上がりました。
『さすがですね。「自分たちの学校が好きだ」と言えるような学校をめざして、みんなのことを、みんなで話し合っていくんですよね。そして、みんなで決めたり変えたりします。Bさんの考えから学べましたね』
　発言した女の子に、大きな拍手が送られました。

コミュニケーション指導のポイント　どの子の意見も認めようという教師の強い思いでフォローします。不十分な発言だと思う時は、まずほめて、対話を入れながらふくらまし、深めていきます。

（3）校長先生の話を聞く

『このあと、みんなで「どんな学校にしたいのか」を考えてもらいます。その前に、スペシャルゲストに登場してもらいましょう』
　子どもたちは口々に「だれ、だれ?!」と言っています。テレビ画面に校長先生が映ると「え～っ！」と驚きの声が上がりました。
『今からビデオ撮影した校長先生のお話を聞きます。校長先生は、どんな学校にしたいと考えているのか、その願いを聞くのです。ほかの先生方も、みんな同じ思いをもっています。△△小学校をよりよい学校にするためには、学校にいるみんなで考えることが大切です』
　子どもたちは、真剣な表情で校長先生の話を聞いていました。

コミュニケーション指導のポイント　校長先生の話から、自分たちはどんな学校にしたいのかについてのイメージを広げるようにします。

（4）これから、どのような学校にしたいかを考える

『次は、あなたたちの考えを出し合う番です。「これから、どんな学校にしたいのか」について、自分の考えをノートに書きましょう』
　ペアで話し合ったあと、全体で発表させました。子どもたちからは、

・みんなで助け合う学校
・コミュニケーションで心が通じ合う学校
・自分たちで学校を動かす学校
・一人ひとりが頑張れる学校

といった考えが出されました。どれも素晴らしい考えだとほめたあと、

『この中で、自分が一番大切だという考えはどれですか？』

と問いました。「どれも、いい考えだな…」と迷う子もいました。

自画像を貼り立場を決めたあと、一番にした理由を発表させました。

・一人ひとりが、自分の得意なことを発揮できる学校にしたいから
・自分たちで学校を動かせるようになれば、よりよい学校になるから
・コミュニケーションで心が通じ合うと、みんな仲良くなれるから

という考えが出てきました。

『よりよい学校を創っていくためには、みなさんや先生たちが一緒になってアイディアを出し合うことが大切です。私たちは、学校を変える「権利」をもっています。と同時に、みんなのために責任をもってやる「義務」もあるのです。代表委員会に参加できる人も、参加できない人も、みんなでよりよい学校を創っていきましょう』

子どもたちから、力強い返事が返ってきました。

コミュニケーション指導のポイント　どの考えもしっかりと受け止め「よりよい学校を創る」というゴール（目的）につなぎます。みんなで同じ目的に向かって考えを出し合おうとする意欲を高めましょう。

（5）ふり返りを書く

「創る」「話し合う」という言葉を入れて、ふり返りを書かせました。

「学校のために真剣に話し合いたい」「自分たちで責任をもって学校を創っていきたい」「代表委員会に参加したい」「みんなが大好きだと言えるような学校を創っていきたい」といった感想が多く書かれていました。

コミュニケーション指導のポイント　キーワードを入れてふり返りを書くことで、代表委員会の意義や、話し合う目的について考えをまとめることができるようにします。

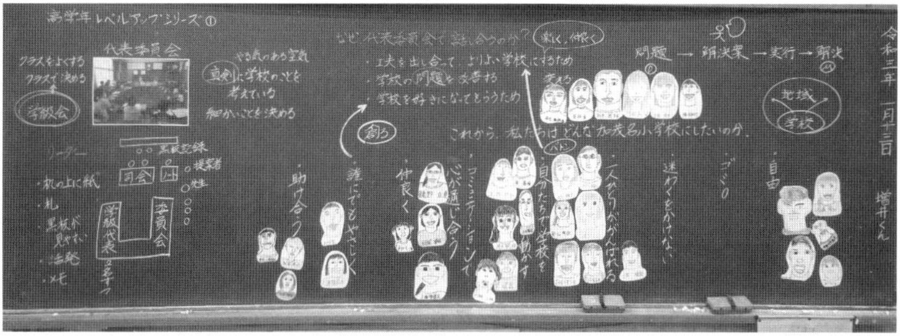

写真「代表委員会の授業後の板書」

4　発展と応用

代表委員会は、主に高学年が参加する活動です。低学年や中学年は、代表委員会のことをほとんど知りません。そのため、代表委員会に自分たちの意見が反映されていることに気づきにくいのです。

（1）低学年の場合

代表委員会の写真だけでなく、話し合いの様子を動画で見せるとよいでしょう。「私たちのアイディアを高学年の人が話し合ってくれている」「こんなふうに、話し合いができるようになりたい」といった考えがもてるようにするのです。高学年への憧れも強くなるでしょう。

そして、自分たちの考えが代表委員会に反映されていることを知れば、より主体的に児童会活動に参加することができるようになります。

（2）中学年の場合

低学年と同じように、写真や動画を見せる方法もありますが、一番効果的なのは、代表委員会の見学に行くことです。真剣に話し合う高学年の姿を見せることが一番の教材です。その場の緊張感や迫力は、ライブでしか味わうことができません。次に高学年となる４年生にとっては、これから学校のために活動するということが、より身近なものに感じるでしょう。学級から学校へと活動の幅を広げるきっかけにするのです。

このように、全学年が「学校は自分たちで創っていくものなんだ」という意識をもつことが、学校全体を動かす大きな力になっていくのです。

資料編

❶学級を「群れ」から「集団」へと育てる『ほめ言葉のシャワー』
❷話し合いを成功させる「46」の言葉と「11」の ポイント
❸伝え合い年間プログラム　3・4年
❹伝え合い年間プログラム　5・6年
❺ディベートプログラム　5年生
❻ディベートプログラム　6年生
❼子ども熟議の指導の在り方
❽平成22年度6年生学習発表会台本
貴船新喜劇　『とんとん　えびすや物語～変わる～』

学級を「群れ」から「集団」へと育てる　『ほめ言葉のシャワー』

1 「群れ化」する子どもたち……自信のもてない子ども　人間関係をつくれない子ども

■ 壊れていく教室の現状……自信と安心のない教室の中の子どもたち

・粗暴な行為を繰り返す子どもたち …………　自分の行為や他者への対応が「ガサツ」
・いじめ合う子どもたち ……………………………　女子同士の陰湿な「いじめ」
・精神的に不安定な子どもたち …………………　少しのことで我慢できなくて爆発する
・共同思考ができない子どもたち ………………　反応がなくノートに逃げ込む
※全国の多くの学級も同じような傾向であろう。

2 「ほめ言葉のシャワー」で「集団」へと変容する子どもたち

■ほめ言葉のシャワーとは……ほめ言葉のシャワーの説明（やり方）

『毎日、一人ひとりのよいところを見つけ合い伝え合う活動』

・年間4回~6回程度行う
・帰りの会で行う
・毎回日めくりカレンダーを各自1枚ずつ描く
・その日のカレンダーを描いた子どもが教室の前に出る
・残りの子どもと教師がその子のよいところ（具体的な事実＋感想・意見）を発表する
・発表は自由起立発表で3秒以上の間をあけないでシャワーのように行う
・全員の発表が終わったら前に出ていた子どもがお礼のスピーチを行う
・最後に教師がコメントを述べる
・年間4回行う。30人学級であれば、年間3600個のほめ言葉を伝え合うことになる。
1回で、1人に対して30人（教師を含む）がほめ言葉を発言し、30人行うので<30×30>の900個になる。それを1年間で4回行うので、900×4の3600となる。
40人学級であれば、1年間で6400個になる。2年間持ち上がりで担任すると、30人学級で7200個、40人学級で12800個になる。

■ほめ言葉のシャワーの効果……積極型の絆の強い集団に育つ学級

①各種アンケート結果からみる「ほめ言葉のシャワー」の成果
・セルフエスティーム検査結果から
・Q-Uアンケート結果から
②子どもの作文の分析からみる「ほめ言葉のシャワー」の成果
・言葉を大切にする子どもたち
・人を多面的に見る力が育つ子どもたち
・自分に自信をもつ子どもたち
・尊重し合う関係を築く子どもたち
・コミュニケーション能力の高まり
・安心感のある学級への成長

資料❶

3「ほめ言葉のシャワー」を成功させる年間計画

①指導の基本的な流れ

□教師の説明

<意義>

・言葉でつながること

・ほめ合い認め合うこと

・「群れ」と「集団」の違い

<やり方>

・日めくりカレンダー作り

・モデルを示す

・ほめ言葉……原則としてその日の中でよさを見つける

・お礼スピーチ

②大まかな年間の指導の流れ

	「ほめ言葉のシャワー」の実施とその活動を支える日常の主な関連した指導内容 ○「ほめ言葉のシャワー」に関する活動 ●「ほめ言葉のシャワー」を支える日常の関連した指導内容
一学期前半	○意義の説明 ○基本的な指導の流れの説明 ●書く指導…箇条書き→量をめざす、事実と意見の区別→「見ること」を鍛える ●話す指導…自由起立発表、「３つあります」スピーチ→毎日多くの場面で行う ●聞く指導…見える聞き方の定着
一学期後半	○１回めの「ほめ言葉のシャワー」の実施 ○日めくりカレンダー作り ●書く指導…具体的な描写→数字、会話文、固有名詞 ●語彙指導…価値語を集める→ＮＧワード（すごい、一生懸命、など） ●話す・聞く指導…姿勢、目線、「出す声」など ○１学期の「成長を認め合う会」を行う
二学期の指導	○２回め、３回めの「ほめ言葉のシャワー」の実施 ○日めくりカレンダー作り ●書く指導…整った文の指導、「事実＋意見＋α（お礼、励まし、お願い、ねぎらい）」 ●語彙指導…ことわざ、慣用句、四字熟語、比喩表現 ●話す・聞く指導…声の調子、表情、身ぶり手ぶりなど ○２学期の「成長を認め合う会」を行う
三学期の指導	○４回めの「ほめ言葉のシャワー」の実施 ○日めくりカレンダー作り ●書く指導…個性的な表現 ●語彙指導…価値語を積極的に使う ●話す・聞く指導…語りかけ、笑顔、応答関係など ○１年間の「成長を認め合う会」を行う

③指導の留意点

・待つことを大事にして速成指導を行わない→「前に出ている子どもを喜ばせる」の原則を大事にして、なかなか発言できなかったり「質」の低いほめ言葉であっても焦らない。

・教師も参加して「評価者」にならない→モデルを示しつつ子どもと共に学び合う姿勢を示す。

・ほめることを指導の第１とする→誠実にこつこつ頑張っている子どもをほめる。
・「新発見」「再確認」と「笑顔」をキーワードにする→観察力の伸びとコミュニケーションの楽しさを大切にする。

4　具体的な指導の実際と子どもたちの変容

■１学期前半の指導

①書く指導
・箇条書きの指導
・事実と意見の指導
②発表指導
・自由起立発表……自分から「ほめる気持ち」を伝える
・３秒ルールの指導…・全員で「シャワー」を生み出す
・「３つあります」スピーチの指導…・まとまりのあるスピーチができるようにする
③聞くことの指導
・「見える」聞き方の指導………相手に安心感を与える聞き方
・「聞き方の約束」づくりの指導………相手とつながろうとする聞き方

■１学期１回めのほめ言葉のシャワーでの指導

①日めくりカレンダー作り
②「型」を教える
③教師の指導の構え
・話すこと・聞くことの技術的な指導のねらい…基礎的なコミュニケーションの指導
・心理的、学級経営的な指導のねらい…「成功体験」を積ませ自信をもたせる指導
・学習規律的な指導のねらい…集団としてのまとまりを育てる指導
・考える力を育てる指導のねらい…人を見る能力を育てる指導

■２学期以降のほめ言葉のシャワー

①価値語を増やす語彙指導
・ことわざ、慣用句、四字熟語、比喩表現の指導
・学級名言集作りの指導
②観察力を磨く指導
・具体的な描写の指導
・多面性に気づかせる指導
③コミュニケーションの指導
・声に関する指導
・態度姿勢に関する指導
④礼儀作法に関する指導
・お礼の述べ方
・誠実な話し方

■成長を認め合う会の指導－プログラムの例

活動	主な内容
1．始めの言葉	担当者のスピーチ……会のねらいと約束
2．嬉しかった「ほめ言葉」発表	今までに言われて嬉しかった「ほめ言葉」を自由起立発表で話す。
3．ゲーム・遊び	みんなで話し合って決めたゲームや遊びを行う。
4．次回の「ほめ言葉のシャワー」への決意発表	次回の「ほめ言葉のシャワー」に向けての決意を自由起立発表で話す。
5．先生からのお話	教師のスピーチ……今までの頑張りをほめ、次回に向けて励ます。
6．終わりの言葉	担当者のスピーチ……感想と今後の決意

5　「ほめ言葉のシャワー」を成功させる教師の指導

■日常指導

①即時指導

・「ほめ言葉のシャワー」実施中における介入指導

・「ほめ言葉のシャワー」後のふり返りコメント

②日常の語彙指導

・授業の中での指導……教えたい１１の言葉

・生活の中での指導……教えたい２１の言葉

・学級名言集作成の指導……子どもたちが考えた学級名言

■方向づけをする指導

①ありがとう３２連発レター……細部をほめるモデル

②学級通信……………学級の動きを生み出す

③成長ノート…………学級に共通の価値を育てる

④日記（「私の本」）指導……個の観察力、価値観を育てる

※③と④も印刷して配布することによって互いにプラスの影響を与え合うことを促す。

6　育つ学級と子どもたち

①表現内容の高まり

・観察力…子どもたちは「何をほめたか」

・語彙力…子どもたちは「どうほめ合ったか」

②自信をもつ子どもたち

・自尊感情を高める子どもたち

・積極型の人間に変容する子どもたち

③集団化していく学級

・互いのよさを認め伸ばし合おうとする子どもたち（日記・成長ノート）

・安心して自主的に動き始める子どもたち

【コラム】「ほめ言葉のシャワー」を成功させるちょっとしたコツ１２

①時間が取れないときの対処法
次の日の朝に行う。簡単なメモをさせておく。

②年度途中から始める場合の配慮点
いつからでも始めてよい。１回でも効果は高い。

③日めくりカレンダーの工夫
記入内容例…日にち、終業式までの残りの日数、好きな言葉、主な行事（友達の誕生日も含む）、クラスの友達へのメッセージ、イラスト、など。

④「スタート」と「ゴール」をスッキリさせる工夫
スタートは、隣の友達からと決めておく。最後は教師とする。

⑤発表できない子どもがいた場合の対応法
慣れないうちは、書いて発表や列発表でもよい。それでも難しいときは、「まだ発表していない人は立ちましょう」と指示をして順に言わせる。

⑥ふざける子どもが出た場合の指導のポイント
基本は個別に注意。それでも止めないときは、「前に出ている○○さんの気持ちを考えよう」「みんなは（ふざけている）△△さんの態度についてどう思いますか」などと問い、マイナス行為であり許さないという厳しい指導を行う。

⑦中だるみをなくすための指導
「私のほめ言葉Ｎｏ１」「言われて嬉しかった言葉」などを書かせて発表し合う。
最中の写真を撮っておき、それを「みんなのキラリ」タイムとしてそのよさをほめる。

⑧子どもの意欲を継続させる教師のはたらきかけ
「今日は○○さんだね。楽しみだなあ」「もう○○さんのほめ言葉を考えている人？」と１日の中で時々聞く。

⑨子どもたちに教えたい「ほめ合う」ことの格言１０
ほめること、相手を大切にすることに関する格言を集めて示す。

⑩教師のほめ言葉のポイント
細分化して見る。１点突破主義で見る。
子どもたちの実態を観察分析しながら、子どもたちの「一歩先」の内容になるようにする。

⑪「ほめ言葉のシャワー」番外編の設定
補助に入られた先生や教室に来られたお客さんなどに行う。
喜ばれたことで自信をもたせるように配慮する。

⑫保護者にも知らせ、理解を求める
学級通信や授業参観を活用して保護者にも活動内容を知らせる。
保護者の声を子どもたちにも知らせ意欲づけをする。

資料❶

話し合いを成功させる「４６」の言葉と「１１」のポイント

人間の知恵の最高峰は「話し合い」の力です。人間が人間らしくなるために、人間が人間として成長していくために必要な力が「話し合い」の力なのです。

以下に挙げている「４６」の言葉と「１１」のポイントは、みなさんが身につける最低限度の内容です。絶対に知っておかなければならない基本です。すぐに覚えてください。そして、使えるようになってください。もちろん話し合いは生き物です。だから、目的や時や場所や相手によって変わるものです。ですから、この最低限度の内容は、形を変えて進化していくものでもあります。これからの学習の中で、みなさんがそうさせるのです。「４６」の言葉を進化させ、「１１」のポイントを進化させていくのは、みなさんの仕事です。

１年間頑張り、ぜひ「話し合い」の力を身につけてください。

人間らしく成長する高学年のみなさんの美しい姿を楽しみにしています。

■司会者（司会団）のすべきこと

●全員が参加できるように話し合いを仕切る。

○話し合いの基本的な流れは、「意見を出させる」→「質問を出させる」→「反対意見を出させる」→「多数決を行う」であることを理解し実行する。

○単なる「指名役」ではなく、「確認しつつ広げる」→「束ねて決める」という「仕切り役」の意識を強くもち実行する。

○司会者とフロアーの１対１の問答にならないように、「みんな」への問い返しをさせ、全員で共同思考できるようにさせる。

1　自己紹介と役割紹介

・ハキハキと美しい日本語で話す。・・・司会団の話す声と態度は、モデルとなる。

・ありきたりの内容、同じ内容は話さない。・・・オリジナルの内容、言葉で話し、「また同じか・・」などと思わせないようにする。

2　実際の話し合いでの発言例

①「手を挙げていない人も指名します」→参加者は、意見を用意し、アイディアを出すはずです。

②「賛成の人は、拍手をしましょう」→言葉だけにならないようにします。

③「近くの人と３０秒間話し合ってください」→短い時間でスピード感を出します。

④「近くの人と話し合ったら、あとで発表してもらいます」→「セット」をはっきり示します。

⑤「発言は手を挙げて指名されてからしてください」→話し合いのルールです。自分が司るのです。

⑥「まず、質問はありませんか？」→最初に質問を聞きます。意見の内容を理解させます。

⑦「反対意見を言ってください」→反対意見が意見です。

⑧「仮の多数決を採ります」→ある程度意見が出たら、仮の多数決を採りしぼり込みます。

⑨「みなさんは、どう思いますか？」→１対１にならないように全員に聞きます。

⑩「具体的に話せる人はいませんか？」→１対１でつまったら全員に聞きます。具体的に常にします。

⑪「質問には意見で答えてください」→質問に質問で返す発言をさせません。

⑫「だから、何なのですか？結論を言ってください」→「だから」どうなのか、を言わせます。

⑬「～という点についてはどうですか？」→ピント外れの意見をなくします。

⑭「このあとに、～の意見の人に発言してもらいます。準備していてください」→①、④と同じです。

⑮「小さなリアクションをはっきりとしてください」→常に反応させ全員を参加者にします。

⑯「反対意見が言えないのなら納得でいいですね」→無駄な時間をつくりません。

⑰「反対するのなら代案を出してください」→反対する人には代わりの案を出させます。

⑱「○○派の人は立ってください。順番に発表してください」→一人を指名するばかりではありません。

⑲「もうそろそろ多数決を採ってもいいですか」→時間や話し合いの流れを見て多数決を採ります。
⑳「では、〜〜と決まりました。次にいきます」→何が終わり、次は何かをはっきりとさせます。

3　まとめと感想

・「決まったこと」を黒板記録に話させる。
・自己反省とフロアーのよかったところを話す。
・フロアーに感想、反省を話させる。

■フロアー

●当事者意識をもって司会団と一緒に話し合いを進める。
○司会者（司会団）まかせにしない。
○かみ合わせる発言ばかりではなく、フォロー発言も心がける。
○発言の目的、相手を意識して発言する。

1　出席者ではなく参加者になる。… 発言していない時の態度に気をつけ､セットを心がける。
2　発言（情報提供）の責任を果たす。… 発言の自由と責任があることを自覚する。

①「…です」→「思います」ではなく言い切ります。
②「○○さんに聞きます」→誰に質問なのかはっきりとさせます。
③「なぜ…なのですか？」→理由を聞きます。
④「意見があります。いいですか？」→司会者に許可を得て発言します。
⑤「『はい』か『いいえ』で答えてください」→討論になったら相手を攻めます。
⑥「…ということですよね」→相手の意見を待たずに納得させます。
⑦「もっと…したらいいですね」→フォローして相手の意見を成長させます。
⑧「反対（賛成）です。なぜかというと…だからです」→「結論＋理由」の組み立てで話します。
⑨「そのような事実はあるのですか？」→相手の意見の証拠を確認します。
⑩「理由が言えないのなら、意見を取り下げてください」→理由のない意見は認めません。
⑪「もし〜だとしたら、その対策はありますか？」→考えられるデメリットの準備を問います。
⑫「…について具体的に話してください」→相手の意見を具体的にさせます。
⑬「だから…です」→「だから」を使って理由をはっきりさせます。
⑭「例を挙げて説明します」→具体的な例を挙げて分かりやすく話します。
⑮「同じ考えの人は立ってください」→多数決も考えて全体に呼びかけます。
⑯「少し話し合う時間をください」→司会の進行に対して意見を述べます。
⑰「私の意見に反対してください」→反対を恐れないで意見＝反対意見を自分から求めます。
⑱「私の意見を無視しないでください」→自分の発現した意見に意見がない場合に要求します。
⑲「もう一回言ってください」→よく聞き取れない、意味が理解できない場合に発言します。
⑳「司会者さん、〜を聞いてください」→⑯と同じです。みんなで深め合うために要求します。

■黒板記録・ノート記録

●話し合いをコントロールする基地であることを自覚する。
○話し合いを視覚でコントロールする。
○話し合いの「均等性」を促す役目を果たす。

①「ここに意見が出ていません」→黒板に書いた意見に平等に発言させるようにします。
②「今の意見は何色ですか？」→賛成か反対か分からない発言に問い返します。
③「・・・の理由に反論していません」→反論がない理由に発言を要求します。
④「手をビシッと挙げてください」→特に多数決の時に使います。
⑤「記録できるように端的に発言してください」→ダラダラ発言に対して言います。
⑥「黒板の理由を見て立場を決めてください」→多数決前に言います。人と論を区別させます。

伝え合い年間プログラム（3・4年）

発表・話し合いの学習

発表・討論の段階	月	週	発表・討論のねらい	テーマ例や具体的な方法	使用した教材 関連する学習	国語科との関連	十分間練習（朝の会・帰りの会）
安心して（気軽に）話せるようになる	4	1 2 3 4	話すことに関する実態調査 ・アンケート ・一回目スピーチ ・いろいろな友達を知る楽しさを味わう。	・「わたしは―、あなたは―」（対話）	※○印は、使用した教材 ・印は、関連する教科単元 ○「にほんご」（福音館書店）	○・・・三年 ◇・・・四年	・友達との対話
	5	5 6 7 8	・クイズのあるスピーチをする。 ・メモをもとに話す。	・クイズ形式で話す。 ・ピラミッド型メモで話す。	○TVのクイズ番組（VTR） ○教師作成ワークシート	○「名前をつけよう」 ・クラスに関係するものにどんな名前を付けるか話し合う	・話題自由 ・運動会でがんばったこと
ひとまとまりの話ができるようになる	6	9 10 11 12 13	・まとまりに気をつけて話す。 ・「はじめ・なか・まとめ・むすび」の組み立てで話す。	・まとまりの数を数え合う。 ・四分割の構成メモで話す。	・国語科作文単元 ・国語科説明文単元	◇「無人島でくらすとしたら」 ・無人島で一週間くらすとしたら何を持っていくか話し合って決める	・水泳の勉強でがんばること ・大人や先生に言いたいこと
	7	14 15 16	・「問いかけ」の文を入れて話す。	・応答のある楽しい話にする。	○教師のモデル		・楽しい夏休み
			一学期の頑張りをみとめ合う				
話すことの楽しさ、応答関係の楽しさを味わう	9	1 2 3 4	・具体物を持って少し長く話す。 ・会話文と動作を入れて話す。	・具体物を持って話す。 ・会話文と動作を入れる	○各自具体物の準備 ○友達のモデルスピーチ	○「みんな子どもだった」 ・グループで課題を決めインタビューなどして調べ、まとめて発表する	・みんなに知らせたいわたしの夏休み ・秋を見つけた
	10	5 6 7 8 9	・友達のスピーチのよいところを自分に取り入れて話す。 ・声の大きさと速さに気をつけて話す。	・友達のよいところを見つけ合う。 ・声の大きさと速さ	○友達のモデルスピーチ ○自分たちのスピーチ（VTR）	◇「十才をいわおう」 ・祝う会の計画を立てる話し合いをし、今考えることをスピーチで伝え合う	・話題自由 ・わたしの家族の紹介
より整った話ができるようになる	11	10 11 12 13	・文の長さと時間の関係に気をつけて話す。 ・メモをなるべく見ないで大きな間をとって話す。	・一分間八文で話す。 ・暗唱と大きな間	○教師作成ワークシート ・国語科詩の単元		・自分のクラスのよいところ ・話題自由（選択性）
	12	14 15 16	・一対多との話し合いをする。	・感想の交流	・国語科総合単元		・今年がんばったこと
			二学期の頑張りをみとめ合う				
話し方をもっと工夫して話ができるようになる	1	2 3 4 5	・インタビューを体験する	・用意した質問をする ・相手の回答に続けて質問する	○TVのインタビュー番組	○「道案内をしよう」 ・道案内ゲームをし、話したり聞いたりするとき大事なことに気づく	・大人との会話から ・ことわざのおもしろさ
	2	6 7 8 9	・グループ内での話し合いをする	・話し合いのルール ・事実と意見を区別して話す	○教師作成教材	◇「電話で約束」 ・電話で用件を伝えるとき大事なことについて考え実際に練習する	・持久走大会に向けて ・みんなへの意見
	3	10 11 12 13	・話す相手と目的をはっきり意識して話す	・下級生（一・二年生）にスピーチする。	・特別活動 学級活動		・こんな四年生（五年生）になりたい
			一年間の成長をみんなでみとめ合う				

聞き手の学習

月	聞き手の手段	聞くことの学習内容
4	話し手の立場に立って聞く／話し手が話しやすくなるように応援しながら聞く	・学級目標を決める ・仲良く楽しい学級 ・人の話を聞き合う学級 ・聞き方の約束を決める。（第一次）
5		・楽しみながら聞く ・時間の順序に気をつけながら聞く
6		・事柄の順序に気をつけながら聞く ・話の要点に気をつけながら聞く
7	話し手の立場に立って聞く／話し手と応答関係をつくりながら聞く	・応答関係の楽しさを味わいながら聞く
9		・集中して聞く ・聞き方の約束を決める（第三次）
10	自分の話す力を高めるために聞く／話してのよいところを賞賛しながら聞く	・友達のよいところを見つけながら聞く ・声の大きさと速さを考えながら聞く
11		・文意識・間意識を持って聞く ・事柄の区切りに気をつけながら聞く
12		・感想を持ちながら聞く
1	自分の話す力を高めるために聞く／気持ちのよい話しぶりや言葉の使い方を考えて聞く	・聞き方の約束を決める（第三次） ・話しての意見を大切にしながら聞く
2		・自分の考えと比べながら聞く ・事実と意見の違いに気をつけながら聞く
3		

伝え合い年間プログラム（5・6年）

		4	5	6	7	9	10	11	12	1	2	3
発表・討論の学習	発表・討論の段階	ひとまとまりの論理的な発表や基本的な話し合いができるようになる				効果的な発表や話し合い、討論ができるようになる				目的や意図に応じた適切な発表や討論ができるようになる		
	月	4	5	6	7	9	10	11	12	1	2	3
	週	1 2 3 4	5 6 7 8	9 10 11 12 13	14 15 16	1 2 3 4	5 6 7 8 9	10 11 12 13	14 15 16	2 3 4 5	6 7 8 9	10 11 12 13
	発表・討論の学習のねらい	話すことに関する実態調査 ・アンケート ・一回目スピーチ ・話すことの楽しさを味わう	・会話、スピーチ、話し合いの基本を体験する	・「はじめ・なか・まとめ・むすび」の構成で話す ・正確に伝える 事実と意見をはっきり区別して話す	・集めた資料をもとに組み立てを工夫して話す	・集めた資料を整理して計画的に話す ・質問を重ねて、相手から情報を得るために話す	・お互いの情報を共有し合うために話す ・話を評価し合う	・調査したことをまとめて聞き手に分かりやすく話をする	・聞き手を説得する効果的な話し方をする	・対話をしながら相手の意見を正しく聞き取り、すばやく自分の意見をまとめて話す		・自分のスタイルで自由に話す
	テーマ例や具体的な方法	・質問ゲーム	・クイズゲーム ・教師作成資料 ・学習ゲーム	・四分割の構成原稿（単語メモ） ・事実→赤、発見→青のメモカードを使って	・四分割の構成メモ ・暗唱	・自分に合った資料をつくる ・インタビュー	・バズセッション ・プレゼンテーション	・資料を有効に使い、研究発表会をする	・ディベートをする	・パネル・ディスカッション ・シンポジウム ・フリートーキング	・会議	・自分らしい話し方で自分の成長について話す
	使用した教材関連する学習	・クイズ・ゲームの本（各自持参）	・学習ゲーム 「他己紹介」	国語「砂漠に挑む」 ・新聞記事 ・TVニュース	国語「学級討論会をしよう」 ・ニュース番組	社会科・理科学習 ・社会－歴史資料 ・理科－実験結果 ・VTR教材「インタビューの仕方」	・特別活動「全校集会」 ・児童図書 「わくわくコミュニケーション」	国語「二つの意見から」	社会「私たちの生活と政治」	・NHKTV（VTR） 「これからの話しことば」	・校内代表委員会（VTR）	国語「わたしの六年間」
	国語科との関連	○・・五年生 ◇・・六年生	○「わたしたちはこう考える」・学校生活の中の問題について計画的に話し合う	◇「学級討論会をしよう」・学級文庫の活用の仕方などの話題で、賛成派と反対派に分かれて討論会をする		○「わたしたちの学校生活」・学校生活の中で体験したことや考えたことを伝える	◇「二つの意見から」・日本語の問題で違う立場の意見について調べたことをもとにパネルディスカッション方式の話し合いをする	○「子ども環境会議」・環境について調べたことを発表し合う	○「インタビュー名人になろう」・クラスの友達などで効果的なインタビューの仕方を練習する			○「わたしの六年間」・小学校生活をふり返り、今の自分を聞き手に印象づけるスピーチをする
	十分間練習（朝の会・帰りの会）	ぼく・私の自慢話 話題自由	この一年でやりたいこと 最後の運動会	雨降りのすごし方 自然破壊について	最上級生としての一学期を振り返って 友だちの宝物	こんなクラスにしていきたい 四字熟語のおもしろさ	話題自由 大人や先生に言いたいこと	地球があぶない 五年生へのエール このクラスのよいところ	今年がんばったこと	小学校生活の残りのすごし方 中学校生活に必要なものは	お世話になった先生方へ 話題自由 こんな人になりたい	卒業するにあたって
					一学期の頑張りをみとめ合う				二学期の頑張りをみとめ合う			一年間の成長をみんなでみとめ合う
聞き手の学習	聞き手の段階	ひとまとまりの論理的な話を聞くことができるようにする				立場や意見の違いを考えながら聞くことができる				目的や意図に応じて適切な話を聞くことができるようになる		
	聞くことの学習内容	・学級目標 言葉を大切にし合う学級 聞き方の約束－1	・楽しみながら聞く ・話の構成に気をつけながら聞く	・事実と意見の違いに気をつけながら聞く	・資料の具体性や話の組立てに気をつけて聞く	聞き方の約束－2 ・資料がよく整理されている計画的な話ができているかに気をつけて聞く	・相手の意見を聞き取り、それに対する自分の意見をまとめながら聞く	・相手の意見を批判的に聞き取り、それに対する質問を考えながら聞く	・調査したことが正確に分かりやすく伝わるか注意して聞く	聞き方の約束－3 ・話し手の表現の工夫に注意して聞く	・話し手の伝えたい思いを考えながら聞く	・話し手一人一人のよさを尊重しながら聞く

資料⑤　ディベートプログラム5年生

話し手の段階	討論を楽しむことができるようになる				ミニ・ディベートを楽しむことができるようになる				リサーチを生かしてミニ・ディベートを楽しむことができるようになる		
月	4	5	6	7	9	10	11	12	1	2	3
週	1 2 3 4	5 6 7 8	9 10 11 12 13	14 15 16	1 2 3 4	5 6 7 8 9	10 11 12 13	14 15 16	2 3 4 5	6 7 8 9	10 11 12 13
話し手の学習：ディベートのねらい	実態調査 ・アンケート ・一分間スピーチ ・話すことの楽しさを味わう	・「はじめ・なか・まとめ・むすび」の構成で話す	・「スピーチ＋質疑応答」のあり方を体験する	・応答関係を楽しむ討論ゲームをする	・判定のルールを決めて討論ゲームを楽しむ	・自分たちで論題を決めてミニ・ディベートをする	・反駁の仕方を知って、ミニ・ディベートをする	・発言記録の方法を知り、ミニ・ディベートをする	・結論と根拠の関係を考えてミニ・ディベートをする	・主張に必要な資料を集めてミニ・ディベートをする	・資料を可能な限り集めてミニ・ディベートをする
話し手の学習：テーマ例や具体的な方法	・質問ゲームをする	・四分割の構成原稿（単語メモ）	・点数とアドバイスをし合う	・意見と反対意見の数を競い合う	・ポイント制で即効的ゲーム	・身近な学級の問題から論題を決める	・意見を結論と理由に分け、理由を否定する	・フローシートの活用	・説明文教材をリサーチの対象とする	・資料を使って立論を作成する	・資料リストの作成と資料収集
話し手の学習：使用した教材関連する学習	・クイズ・ゲームの本	・四分割の構成メモ（単語メモ）	・新聞記事、NHKTVニュース（VTR）	・国語「わたしたちは、こう考える」	・社会「これからの工業生産」	・特別活動「考えよう私たちの生活」	・社会「情報社会に生きる」	・総合学習「香月の町と私たち」	・国語「一秒が一年をこわす」	・国語「伝え方を選んで、ニュースを発信しよう」	・社会「環境を守る」
話し手の学習：ディベートの論題				・「給食か、弁当か」	・「自動車工場から産業用ロボットをなくすべきである」	・「校内に自動販売機を置くべきである」	・「ニュースを知るのは新聞とテレビどっちがよい」	・「公共交通機関の優先席をふやすべきである」	・「森林の開発（ゴルフ場等）をやめるべきである」	・「私たちの学級を紹介するには、新聞（TV）がよい」	・「スーパーマーケットはトレイの使用をやめるべきである」
話し手の学習：ねらいを補強するための学習ゲーム（朝の会・帰りの会）	・「なぜ～なぜならゲーム」	・「他己紹介ゲーム」	・「無人島サバイバルゲーム」	・「プロコンテスト」	・「激突！対決型問答ゲーム」	・「隠し言葉当てゲーム」	・「チョット待った！ゲーム」	・「記号化でスピード競争ゲーム」	・「条件ビンゴゲーム」	・「数字をゲット！ゲーム」	・「対戦型二択ゲーム」
聞き手の手段	話のまとまりをとらえながら聞く				発言の構成に気をつけながら聞く				主張と根拠の関係を考えながら聞く		
聞き手の学習：聞くことの学習内容	・楽しみながら聞く	・組み立てに気をつけながら聞く	・話を批判的に聞く	・話を聞き比べる	・自分の考えと比べながら聞く	・確認したいことを考えながら聞く	・反論を考えながら聞く	・要点をメモしながら聞く	・結論と理由の関係に気をつけて聞く	・結論と根拠を区別しながら聞く	・結論と根拠の関係を批判しながら聞く ・

（7月と9月の間）一学期の頑張りをみとめ合う

（12月と1月の間）二学期の頑張りをみとめ合う

（3月の後）一年間の成長をみんなでみとめ合う

資料⑥ ディベートプログラム6年生

話し手の段階	月	週	ディベートのねらい	テーマ例や具体的な方法	使用した教材関連する学習	ディベートの論題	ねらいを補強するための学習ゲーム（朝の会・帰りの会）	聞き手の手段	聞くことの学習内容
問題解決的なディベートをすることができるようになる	4	1〜4	・「メリット・デメリット方式」のディベートを体験する	・「メリット・デメリット方式」	国語「学級討論会をしよう」	・「学級文庫にマンガ本を置くべきである」	・「50パーセントゲーム」	議論の争点を考えながら話を聞く	・争点を見つけながら聞く
	5〜6	5〜13	・問題解決的な単元を構成し、政策を検討するディベートをする	・ディベートによる問題解決的な学習	社会「日本の歴史〜奈良の大仏」	・「奈良の大仏はもっと小さく作るべきであった」	・「一言いわせて！ゲーム」		・議論の流れを考えながら聞く
	6〜7	9〜16	・議論の争点を決めて政策論題のディベートをする	・政策を修正し、レポートにまとめる	総合的な学習「香月の町の環境を考えよう」	・「公園のゴミ箱をなくすべきである」	・「リンクゲーム」		・議論の流れに沿って聞く（判定コメント）
			一学期の頑張りをみとめ合う						
ディベートを活用した作文が書けるようになる	9	1〜4	・議論をふり返って立論を修正し結論を書かせる	・議論を材料に主張を書く	特別活動「よりよい自分をつくろう」	・「宿題をやめて自主勉強にするべきである」	・「つなぎ言葉作文ゲーム」	自分の意見を深めながら話を聞く	・立論と反駁の関係を考えながら聞く
	10	5〜9	・肯定側、否定側のどちらかの立場を選択し、立論を修正する	・相互の反駁をもとにして立論を修正する	国語「二つの立場から」	・「外来語の使用を制限するべきである」	・「字数限定・理由付け3本勝負」		・効果的な反駁を評価しながら聞く
	11〜12	10〜16	・意見文としてディベート作文を書きお互いに評価しあう	・発言内容、その解釈、評価を根拠に修正した立論を評価し合う	社会「私たちの生活と政治」	・「住みよいくらしにするために、もっと税金を増やすべきである」	・「投書に判定・スピーチコンテスト」		・各議論を評価しながら聞く
			二学期の頑張りをみとめ合う						
ディベートを生かして討論を楽しむことができるようになる	1〜2	2〜9	・ディベートで身につけた技術を生かしていろんな話し合い・討論をする	・いろいろな話し合い・討論をする（シンポジウム・パネルディスカッション）	社会「世界の中の日本」	〈討論テーマ〉「国際連合と世界の平和」	・「なりきり記者会見ゲーム」	話す力をより高めるために話を聞く	・効果的な発言を見つけながら聞く
	3	10〜13	・「学級ディベート大会」をする	・学級ディベートリーグ戦をする	国語「私の六年間」	・「小学校教育に英語学習を取り入れるべきである」	・「10の条件ゲーム」		・自分の表現に友達のよさを取り入れるために聞く
			一年間の成長をみんなでみとめ合う						

（表の左端の見出し：ねらい〜ゲームの欄は「話し手の学習」、聞き手の手段・聞くことの学習内容の欄は「聞き手の学習」）

資料❼

子ども熟議の指導の在り方

1　子ども熟語の重要性

（1）熟議で変わる子どもたち

（2）今までの授業、話し合いとの違い

2　日常の指導

（1）学級づくりのコミュニケーション指導…言葉にこだわり大切にし合う子ども集団を育てる

①「価値語」指導……言葉の価値、価値ある言葉を身につけさせる

○プラスの意味を含んだ言葉

○望ましい生き方・考え方につながる言葉

・学級名言集づくり

・「価値語」詩づくり

②人間関係を育てる指導…・言葉でつながる楽しさを教える

○お互いを認め合う活動

○多面的に理解し合う活動

・ほめ言葉のシャワー

・パワーアップ自己紹介ゲーム群

③「書く」指導……言葉で考えを深めることを教える

○価値を含んだ課題作文

○自分で価値を見つけ追究する作文

・「成長ノート」

・「私の本」

④「話す・聞く」指導…言葉で伝え合うことを教える

○日常の言葉づかいを美しくする取り組み

○未来を言葉で考える取り組み

・「教室にあふれさせたい言葉・なくしたい言葉」

・「一年後に言われたい言葉・言われたくない言葉」

（2）コミュニケーションスキルを育てる指導…コミュニケーションの基礎を身につけた子ども集団を育てる

①会話力を育てる指導…・・言葉のキャッチボールを楽しむ

・バズ

・ペアインタビュー

②質問力を育てる指導…・・理解・交流・共有を深める

・朝の質問タイム

・グループ対抗質問バトル

③対話力を育てる指導…・・探求・発見をめざす

・ブレーンストーミング

・親和図法

④スピーチ力を育てる指導…分かりやすく伝達する

・授業感想スピーチ

・「3つあります」スピーチ

3　子ども熟議の指導のステップとそのポイント

（1）熟議の流れ「基本パターン」

○場づくり　　会場と空気づくり

①自己紹介

②グループ分け

③グランドルール

④ファシリテーター決め

⑤テーマに対しての共通理解＜テーマ内容と話し合いの順序＞

⑥個人の意見書き　○付箋赤

⑦グループ仲間分け　質疑応答　見出しつけ　○鉛筆書き

⑧計画立て　○付箋青

⑨グループ発表

⑩ふり返り　行動宣言

（2）初期の指導……・楽しさ

①みんなで話し合うと楽しい

②みんなでこれからのことを話し合って決めると仲良くなる

③話し合ったことを実行するとみんなの生活が楽しくなる

（3）中期の指導……・生活の向上

①問題点を解決することは大切だ

②計画を立てて実行するとみんながまとまる

③生活をよりよくするために話し合うことは大切だ

（4）後期の指導……・役に立つ

①他の人とも協力し合うことは必要だ

②計画を練り合うことは生活を見つめ直すことだ

③問題があれば話し合って前向きに解決しよう

4　子ども熟議の指導の実際

（1）自分たちの生活を楽しくする話し合い

○テーマ例：「みんなが楽しめる集会の計画にするために自分がすべきこと」
「運動会をもっと楽しくするために自分がすべきこと」

（2）学級・学校生活を向上させる話し合い

○テーマ例：「委員会活動をよりよくするために自分がすべきこと」
「三学期の学校生活をよりよくするために自分がすべきこと」

（3）他者に働きかける「協働」のある話し合い

○テーマ例：「世のため人のために自分がすべきこと」
「学級や学校の問題点を解決する取り組みを考えよう」

5　子ども熟議を成功させる指導者の心得10

（1）チーム分け……楽しくチームをつくる方法
（2）自己紹介………お互いに分かり合う楽しい自己紹介術の指導
（3）見える化………話し合いの見える化のポイント
（4）グッズ…………熟議を盛り上げるグッズのあれこれ
（5）参加者にする話し方…・無責任な参加者にしない方法
（6）発言が苦手な子への配慮……どの子も安心して参加できるようにする方法
（7）話し過ぎる子への指導……全員参加の熟議の参加者としての責任を教える指導法
（8）記録の仕方、させ方……確実に実行へとつなげる記録・保存の仕方
（9）テーマの選び方……子どもたちが喜ぶテーマの決め方とその内容
（10）時間設定の仕方……熟議の指導パターンと時間配分の在り方のポイント

平成２２年度６年生学習発表会台本

貴船新喜劇「とんとん　えびすや物語～変わる～」

目標

1．自分を成長させる ………………… 「表現者」になる。
2．価値語を学ぶ………………………… 不可視の価値を増やす。
3．スピードと声を鍛える ………… 圧倒的な動きと声を作る。

①「次」を考えて行動する。
②にやけて逃げない。
③「プラス１」の演技をする。
④常に演技をする。
⑤顔でセリフを話す。

登場人物　配役

シーン１・・・10人

信二（　森永鈴　）
五郎（　永元　　）
沙織（　梅野　　）
陽子（　古賀　　）
サキ（　森永鈴菜　）
子ども１（　保手濱　）
子ども２（　有川　）
子ども３（　水上　）
客・秀樹　（　高濱　）妻（　半晴　）
客・２人組（　谷口　）（　衛籐　）→とんとん店員に。
明（谷口　）　恵子（　衛藤）
客・３人組（吉川ね　）（　吉川と）（　藤井）

シーン２・・・４人

信之助（　村上　）
辻本（　野田　）
ヒロ（　藤野　）
女将（　森永鈴菜　）
幕閉まる

シーン３・・・８人

お客・家族　母親（　久保田　）子ども（　佐藤　）子ども（　山城　）子ども（　岡島）
社員１（新屋）
社員２（坂本）
社員３（徳光）
社員４（恵良田）
幕閉まる

シーン４

前半・・・客（家族を除く）以外全員
中盤・・・信之助、辻本、社員、客（家族を除く）以外全員
後半・・・信之助、辻本、社員以外全員

■シーン１

ナレーター・・・・・吉川寧々
信二：いやぁ～五郎さん、今日も暇ですねぇ。
五郎：そうだなぁ、こんな日は、酒でも飲まんとやってられないなぁ。
信二：そうですよ。酒こそわが命ですよね。
五郎：そうだそうだ。酒は飲むものじゃねえ、浴びるもんだな～。おーい、酒持ってきてくれ。
沙織：あんた。いい加減にしてくださいな。昼間っから酒ばかり飲んで。
陽子：そうですよ。何が酒は浴びるもんだよ。少しは仕事したらどうなの。女将さんにまた叱られますよ。
サキ：そうですよ。少しはお店のことも考えた方が・・・。最近、儲かってないし・・・。
沙織：そうですよ。もうそろそろ、子どもたちも学校から帰ってくるのですよ。
五郎：うるさい！　酒がまずくなる。酒こそ命～、酒こそ命～　あ～あ～いのち♪

（沙織、陽子、サキ　あきれる）
（子どもたちが帰って来る）

子ども１：ただいま。お母さん、テスト100点だったよ。
沙織：頑張ったね。さすが、お母さんの子どもね。
明：よっ、優等生。信二さんの子どもとは思えないなぁ。
子ども２：私はね、作文コンクールに入賞したよ。
恵子：すごいわね。将来は小説家ね。今度、お姉さんにも読ませてね。
陽子：頑張ったね。お父さんとは違うわね。おや、武志は？
信二：はは～ん、さては先生に叱られたな！
子ども２：そうそう、テストは・・20点、友達とケンカして校長室で叱られて・・。

五郎：さすがだ！さすが、わしの子どもだ！
子ども3：・・・・
沙織：さぁ、子どもたちはおやつ食べて宿題、宿題。
子ども3：お父さん、今度のテスト100点だったらどこか連れて行って。
子ども2：そうよそうよ。去年はアユを見に連れて行ってやるというから浜崎あゆみかなぁと思っていたら「いしだあゆみ」、その前は、イチローを見に連れて行ってやると言うから楽しみにしていたら「鳥羽　一郎」・・・子どもの気持ちも分かってよ。
五郎：そうだったなぁ。すまんすまん。　よし！今年は、春日に会わせてやろう。
子ども1：えっ。あの若手芸人の！
子ども3：オードリーの春日だ！
子ども2：笑えるぞ！クラスの友達に自慢できる。
五郎：イッヒッヒッ。春日は春日でも「春日八郎」だけどな。
(みんな、がっかりする)
信二：さすが、五郎さん。今年もブイブイ言わせますねぇ。いよっ、待ってました。昭和の名曲、春日八郎「お富さん」！
五郎：(歌い出す) 粋な黒塀　見越しの松に　粋な姿の洗い髪　死んだはずだよお富さん生きていたとはお釈迦様でも知らぬ仏のお富さん　エーサオー　源治店（げんやだな）
※会場に手拍子を要求する。
信二：カ～ン、やっぱり　今年も音痴だなぁ。
陽子：あんた。いい年こいて、私は恥ずかしいよ。さっさと戻って風呂掃除でもしたらどうだい。最近、お客さんも少なくて・・・貯金だってもうないんだよ。
客・秀樹、妻：ごめんください。
(信二、五郎、沙織、陽子、サキ、明、恵子それぞれ言葉を言って客を迎える。仕事に戻る。子どもたち、家の中に消える。)
明：ハイ、いらっしゃい。何にしましょ。沙織さん、恵子さんお願いね。
秀樹：みなえちゃん、何にする？
妻：う～ん、あなたが決めて。
秀樹：みなえちゃん。
妻：あなた。
信二：あんたら、いい加減にしっ！
秀樹：ビールと・・・これはすみませんでした。ラブラブなもんで。え～と、ぶたばら、鳥レバー、手羽先・・・トマトのスライスね。
(「とんとん」のお客・秀樹、妻とのやりとり)
客・三人組：ごめんください。定食できますか？
五郎：あいよ！できまっせ。女将さん、お客さん。
客1：腹減った。ご飯大盛りね。
客2：私、ダイエット中。・・・ご飯大盛りね。
(客も店員もずっこける)
客3：なんか・・・親父くさいお店ね・・・じゃぁ・・・親父セットね。
(客も店員もずっこける)
(「えびすや」のお客三人組みとのやりとり)
秀樹：すみません。私も飲み友達に入れてもらえませんか？
五郎：そうだなぁ。じゃぁ、わしたちの問題に答えられたら・・・キリン
秀樹：ビール
信二・五郎：おおっ、正解。やるな。
信二：アサヒ
秀樹：ビール
信二・五郎：できるな！正解。今度は難しいぞ。
ドドドリフの
秀樹：ハイボール
信二・五郎：よし、わしたちの仲間だ！　兄弟～！さぁ、飲め飲め！

■シーン 2
ナレーター・・・・藤井
信之助：おじゃましますか？
ヒロ：おじゃましとるやないか。おじゃましますか？言ううて「か」はいらんやろ。
信之助：「か」はいらない。　あなた、お元気です。
ヒロ：そこは聞けや。お元気ですか？　と「か」をつけて。
信之助：お元気ですか？
ヒロ：まぁ、元気やなぁ
信之助：私、ここに用事があってきたんですか？
ヒロ：知らん！知らんわそんなこと！知らんがな！
信之助：あっ、用事があってきたんですが、
辻本：あはは、お坊ちゃまは相変わらず面白いですねぇ
ヒロ：こいつ、誰や？
辻本：あっ、今、この方は誰か？と聞かれたのですね。聞いて驚かないで下さいよ。　ええっ！
ヒロ：言えや、おい、どこ見とんねや。言えや。おい。
辻本：あっ、大変失礼しました。この方は、安雄物産御曹司、安雄信之助様です。
ええっ！
ヒロ：おいっ、お前自分のことやろ。おい。どこ見とんのやっ！おい。
辻本：そして私が、秘書の辻本です。
信之助：ええっ!!
ヒロ：おい。お前ら知り合いやろ。
辻本：あっ、あははは。ここに、サキさんという女将さんがおられるでしょ。
ヒロ：ああ、いてるよ。
信之助・辻本：ええっ!!
ヒロ：知ってるから来たんとちゃうんかい。何でびっくりするんか？
辻本：サキさん、女将さんを呼んでもらえますか？
ヒロ：ああ、ええよ。ちょっと待ってや。
信之助：サキさ～ん。
ヒロ：自分で呼ぶなっ。
辻本：は～い　何かしら？　私にどんな用事？
信之助：ぼく、ぼく、・・あの・・
辻本：お坊ちゃま、秘書の辻本ですよ。
信之助：騙されたぁぁ!!　あははは
信之助・辻本：あははは・・・あはははは・・・あはははは・・・
ヒロ：何がおもろいん？
辻本：(急にかしこまって) 早く読んでください。
ヒロ：ちょっと待っといてや。　サキさ～ん、サキさ～ん。
サキ：は～い (呼ばれて出てくる)
辻本：サキ
信之助：先言うな。先にサキ言うな。
信之助・辻本：あははは・・・あはははは・・・あはははは・・・
ヒロ：わけ分からん！
ヒロ：来てからずっとこんなんや。
辻本：どうも始めまして。この方は、安雄物産御曹司安雄

信之助様です。そして私が秘書の辻本と申します。本日は、サキ様に大事なお話しがあってこうやって参りました。少しお時間よろしいでしょうか。
女将（サキ）：あっ　はい・・・。
辻本：それでは、汚いところですが座っていただけますでしょうか。
ヒロ：おいおいおい、お前の店と違うやないかっ。
辻本：はい、かしこまりました。
ヒロ：何をやねん。
辻本：（女将さんに）それではどうぞ。（女将は座り、信之助はイスを引かれてこける）
辻本：お坊ちゃま　つかみはOKでございますよ。女将さんは大爆笑でございますよ。
ヒロ：いやっ　全然笑ってないがな。（あきれたように）
辻本：あっ、さっきから思っていたのですが、あなたは何なんですか？
ヒロ：あぁわしはこの店で働いている者や。
辻本：あなたでは話になりません。女将さんに用事があるのです。
（騒ぎで「とんとん」「えびすや」の店員などが出てくる）
五郎：なんじゃ、うるさいのぉ。
辻本：では、はっきりと申しましょう。実は、この店を私どもが買い取って、マンションを建てる計画なのでございます。譲ってもらえますね。
五郎：断る！
信之助：断る・・・断られた・・・
辻本：大丈夫ですよ。ここは　お金にものを言わせましょう。
信之助：お金にものを・・・
（信之助・・札束を出す。辻本のセリフに合わせて話しているように動かす）
辻本：お金だよ。700万あるよ。お店を売って。
ヒロ：おい、なめとるのか。お前が話しているだけじゃないか。
辻本：証拠あるんか？
ヒロ：その声や！
五郎：こ、断る。この店は、わ、渡さん。
女将：そうですよ。帰って下さい。そんなお金で目がくらむほど、落ちぶれてはいません。
（全員が帰れと口々に言う）
信之助：今日のところは帰るが、また来ます。最後に、これだけはハッキリ言っておく。お店を売った方が、＊＋＊@・・。
辻本：お坊ちゃまが言いたかったのは、（口パク）
（二人去っていく）

■シーン3
ナレーター・・・・吉川虎ノ介
陽子：お父さん、このところめっきり減って今月も赤字だよ。
五郎：そうだなぁ。このままじゃあ、店もたたまないといけないかなぁ・・・。
陽子：まだ子どもも小さいんだよ。あんた、これからどうしようか。
五郎：昔はよかったんだがなぁ・・・。わしが真面目に働いていたら・・・。すまんのう。苦労ばかりかけて・・・。
沙織：うちも一緒です。もう一回、みんなで一生懸命に働こうよ。10年ほど前は、うちの焼き鳥も、定食屋のえびすやさんも繁盛していたのに・・・。
信二：そうは言っても・・・一度さぼり癖がつくとなぁ・・
五郎：悪いとは分かっていても直せんのじゃ・・・借金もあるし・・・
信二・陽子・沙織：借金!!
陽子：あんた！それ本当!!
五郎：す、すまん。内緒で700万。
信二・陽子・沙織：700万!!!
陽子：700万、どうしてそんなに!!!
五郎：本当にすまん。最初は・・パチンコやった。そして、だんだん・・競馬にはまって・・気がついたら・・・。
陽子：あんた、女将さんに知られたらどうするの？お店、ダメになっっちゃうんだよ!!
（大騒ぎになる）
（お客家族4人　入ってくる）
母親：ああ、ここだわ　ここだわ。20年前と変わってないですね。
子ども1：お母さん、おなかへったよ。早く食べようよ。
子ども2：ここがお父さんとお母さんの思い出のお店？
子ども3：大学時代に二人が出会ったところね。
ヒロ：いらっしゃい。
母親：20年前と少しも変わっていませんね・・・。
沙織：20年前？
母親：そうなんです。主人とよく通ったものです。貧しかった私たちでした。おなかいっぱい食べることがなかなかできなかったのですが、このお店だけはあったかいご飯をたくさん・・・。あ、そうそう。少しばかりバイト代が入った時には、焼き鳥とんとんさんで「今日は贅沢しよう」ってお酒も少し飲みました。
子ども1：知ってるよ。1つのうどんを二人で分け合って食べたんでしょ。
子ども2：素敵じゃない。お母さん。そして、このえびすや食堂でご飯食べながら、お父さんからプロポーズされたんだよね。
子ども3：いいなぁ、あこがれるなぁ。貧しくても愛し合う二人。
（20年前に苦しい生活をしていた時に、とんとん、えびすやにお世話になった話をする）
（子どもたち　注文をし、お店もにぎやかになる）
（とんとん、えびすやの店員、女将などが出てくる）
社員1：じゃまするぜ〜
五郎：じゃまするんやったら　帰ってや〜
社員1：あいよ〜
辻本：また来ましたぜ。
社員2：ここに700万あります。
社員2：この700万で
社員3：さっさとこの土地を
社員4：売った方が
社員2：お前の
社員3：タメ
社員4：や
社員2：で
ヒロ：なんでぐるぐる回るんやね
社員1：名づけて　ローテーショントーク
ヒロ：意味分からん！
社員2：意味分からんやと！　ローテーショントークとは

社員３：三人で
社員４：交代に
社員２：しゃべると
社員３：いう
社員４：こと
社員２：や
ヒロ：そのままやないか。
信之助：まあまあ、さ、ということで、譲っていただけますね。
辻本：悪い話じゃないでしょう。聞くところによると、この店もあんまり儲かってないんでしょ。借金もおありだと・・・。
五郎：・・・・本当に買ってくれるのですか・・・
陽子：あんた!!
(みんなざわつく)
信二：五郎さん、あんた本気か!!
辻本：さぁ、これで決まりだ。
(社員、喜ぶ)
客・母親：すみません。お話は全て聞かせていただきました。私が言うのもなんですが。おたくらおかしいんじゃございませんか？　お金の話ばかり持ち込んで、どうなのでしょう？
社員２：なんだと。もう一回言ってみろ。
社員３：関係のないやつは引っ込んでいろ。
社員１：じゃあ、今すぐ、契約書を持って来ますわ。ハンコの用意、頼みまっせ。
(信之助、辻本、社員、帰る)
女将：五郎。どういうことなの!!
五郎：す、すみません。
客・母親：ご主人、女将さん、そして、みなさん。もしよろしければ、その借金とやらを私に払わせていただけませんか。もちろん、ご無理がないように少しずつでかまいません。月々返していただければかまいません。
五郎：えっ。
客・母親：３年前に父親と主人が続けて亡くなりました。その時の遺産がいくらかあるのです。死んだ父親もこのお店によく来ていたそうで・・・。父親も主人もお役に立てるようでしたら喜んでくれるでしょう・・・。
陽子：いいんですか？お客さん！
客・母親：昔、お世話になったお礼です。
(信二、沙織、陽子など口々にお礼を話す)
辻本：待たせたな。契約書を持ってきましたぜ。
信之助：立派なマンションになるんですよ。嬉しいでしょ。
(社員、口々に喜びを口にする)
五郎：断る。帰ってくれ！
社員３：なんだと！
社員４：お前、700万ないと困るだろう！
社員２：さっさとサインせんかい！
五郎：断るといったら断る！お金はわしが用意する！
社員３：なんだと！このやろう！（ナイフを取り出す)
(全員が大騒ぎになる)
五郎：刺せるものなら刺してみろ。この店は渡さん。
社員３：このやろうっ！（ナイフで刺す)
(店員達・・・悲鳴があがり、社員達・・・逆に驚く)
辻本：ばかやろう！やばいじゃないか。
信之助：逃げろ、早く逃げるんだ！
(社員達　大急ぎで立ち去る)
(倒れた五郎にみんなが近寄り)
陽子：あんたー、あんたー。
五郎：陽子・・悪かった。許してくれ・・・。この店を女将さんと一緒に・・・。(息絶える)
みんな：五郎さん！
女将：辛かったのかもしれない。お店がうまくいかないからむしゃくしゃして辛かったのかもしれない。分かってあげられなかった私たちにも・・・。
(みんながうなずく)
五郎：(生き返ったかのように）陽子～・・・とんとんさんとも仲よく、みんなが力をあわせたら、未来は明るい・・・。(息絶える)
沙織：五郎さん、こんな時でも　私たちのことも思ってくれて・・・。
(みんなうなずく)
五郎：(生き返ったかのように）陽子～・・・生まれ変わったら　真面目に・・・子どもたちのことは頼む・・・。(息絶える)
子どもたち：お父さん！　死なないで。お酒飲んでいいから！
(みんなうなずく)
五郎：(生き返ったかのように）陽子～・・
信二：あんた、いい加減にし！死んでないやん！
(みんな、口々に五郎に文句を言う。どこかあきれている)
五郎：いやぁ、こういうこともあろうかと、ここに鉄板を入れといたのじゃ。
(みんな、安心してひやかしたり、笑ったりする)
秀樹：でも、もうこれであいつらももう来ないだろう。
信二：五郎さん、やっぱり仕事は真面目にしないとなぁ。
子ども１：お父ちゃん、あんまりお酒はもう飲まないでよ。
(みんなが口々に五郎を励ます)
母親：死んだ主人が言っていました。昔のことばかりを悔やんでも意味がないと。そんなことより、未来を信じて生きていこうと。
沙織：そうよ、そうよ。済んだことより　これからのことを考えましょうよ。
陽子：過去は変えることはできないけれど、未来は創れるんだからね。
五郎：人間は変わることができるんだもんな。
信二：五郎さん、あんたにはその言葉、言ってほしくないなぁ。(笑)
(みんなで大笑いをする)
女将：それじゃ、みんな仕事だよ。人間、働かないとね。
(みんな口々にやる気を口にする)
お客１．ごめんください。一杯飲ませてください。
信二：あいよ。
お客２：すみません。晩酌セットありますか？
サキ：はい、喜んで！
(にぎやかに注文などの言葉が飛び交う)
エンディング
エンディング曲（「蒲田行進曲」）が流れる。
全員が登場して雛段に並ぶ。
①あいさつ
１．谷口　衛藤　半晴　佐藤　山城　岡島
②礼
③退場

【参考文献】

●第1章❶
「個の確立した集団を育てる ほめ言葉のシャワー 決定版」菊池省三、菊池道場（中村堂）
「教師 菊池省三 映画『挑む』オフィシャルブック」（中村堂）
「小学校発！一人ひとりが輝く ほめ言葉のシャワー」菊池省三、菊池道場（日本標準）
「菊池省三 365日の学級経営　8つの菊池メソッドでつくる最高の教室」菊池省三、菊池道場（明治図書）
「菊池先生の『ことばシャワー』の奇跡 生きる力がつく授業」菊池省三、関原美和子（講談社）

●第1章❷
「菊池先生の『ことばシャワー』の奇跡 生きる力がつく授業」菊池省三、関原美和子（講談社）
「言葉で人間を育てる　菊池道場流『成長の授業』」菊池省三、菊池道場（中村堂）
「楽しみながらコミュニケーション力を育てる10の授業」菊池省三、菊池道場（中村堂）
「白熱する教室第2号　2015年秋号」菊池省三、菊池道場（中村堂）
「白熱する教室第12号　2018年春号」菊池省三、菊池道場（中村堂）
「白熱する教室第21号　2020年夏号」菊池省三、菊池道場（中村堂）
「質問力―話し上手はここがちがう」齋藤孝（筑摩書房）

●第1章❹
「児童生徒の学習評価の在り方について（報告）」文部科学省
「子どもが変わる！大人も変わる！コミュニケーション授業」菊池省三（フラウ）
「話し合い活動を必ず成功させるファシリテーションのワザ」菊池省三（学事出版）
「菊池省三の学級づくり方程式」菊池省三、関原美和子（小学館）
「菊池省三 365日の学級経営　8つの菊池メソッドでつくる最高の教室」菊池省三、菊池道場（明治図書）
「菊池省三流　奇跡の学級づくり　崩壊学級を『言葉の力』で立て直す」菊池省三、関原美和子（小学館）
「人間を育てる【菊池道場流】作文の指導」菊池省三、田中聖吾、中雄紀之（中村堂）
「言葉で人間を育てる　菊池道場流『成長の授業』」菊池省三、菊池道場（中村堂）
「真正の深い学びへの誘い」小林和雄（晃洋書房）

●第1章❺
「菊池先生の『ことばシャワー』の奇跡 生きる力がつく授業」菊池省三、関原美和子（講談社）
「アクティブ・ラーニングの土壌を育む　菊池流学級づくり　小学4・5・6年」菊池省三、菊池道場（喜楽研）
「コミュニケーション力あふれる『菊池学級』のつくり方」菊池省三、菊池道場（中村堂）
「白熱する教室をつくる　Q & A55」菊池省三（中村堂）
「楽しみながらコミュニケーション力を育てる10の授業」菊池省三　菊池道場（中村堂）
「白熱する教室第21号　2020年夏号」菊池省三、菊池道場（中村堂）

●第2章❷
「総合教育技術2020年5月号」（小学館）
「白熱する教室 創刊号」（中村堂）
「価値語100　ハンドブック」（中村堂）
「菊池省三 DVDで見て学ぶ　菊池省三・授業実践シリーズ」（オフィスハル・DVD）

●第2章❸
「総合教育技術2020年2月号」（小学館）
「総合教育技術2021年1月号」（小学館）
「ことばのこばこ」和田誠（瑞雲舎）

●第2章❹
「菊池省三の学級づくり方程式」菊池省三、関原美和子（小学館）
「菊池省三 365日の学級経営　8つの菊池メソッドでつくる最高の教室」菊池省三、菊池道場（明治図書）
「菊池省三流　奇跡の学級づくり　崩壊学級を『言葉の力』で立て直す」菊池省三、関原美和子（小学館）
「人間を育てる【菊池道場流】作文の指導」菊池省三、田中聖吾、中雄紀之（中村堂）
「言葉で人間を育てる　菊池道場流『成長の授業』」菊池省三、菊池道場（中村堂）
「楽しみながらコミュニケーション力を育てる10の授業」菊池省三、菊池道場（中村堂）
「白熱する教室第2号」菊池省三、菊池道場（中村堂）

●第3章❶
「『話し合い力』を育てる　コミュニケーションゲーム62」菊池省三、池亀葉子　他（中村堂）
「楽しみながらコミュニケーション力を育てる10の授業」菊池省三、菊池道場（中村堂）
「小学校　楽しみながらコミュニケーション能力を育てる　ミニネタ＆コツ101」（学事出版）
「スペシャリスト直伝！学びのしかけで学力アップ！学習ゲームの極意」上條晴夫（明治図書）
「子どもの表現力がつく教室スピーチ」上條晴夫（学事出版）
「聞き上手・話し上手―市民のための講座」扇谷正造（講談社現代新書）

●第3章❷
「小学生が作ったコミュニケーション大事典　復刻版」北九州市立香月小学校、菊池省三（中村堂）
「『話し合い力』を育てる　コミュニケーションゲーム62」菊池省三、池亀葉子　他（中村堂）
「菊池省三の『話し合い』指導術　小学生版 白熱教室のつくり方」菊池省三（小学館）
「質問力―話し上手はここがちがう」齋藤孝（ちくま文庫）
「人の心をギュッとつかむ好感度UPの法則」齋藤孝（大和書房）
「人を10分ひきつける話す力」齋藤孝（だいわ文庫）
「コミュニケーションの哲学入門」柏端達也（慶應義塾大学出版会）

●第3章❸
「『話し合い力』を育てる　コミュニケーションゲーム62」菊池省三、池亀葉子　他（中村堂）
「菊池省三の『話し合い』指導術　小学生版 白熱教室のつくり方」菊池省三（小学館）
「教育科学　国語教育　2019年7月号」明治図書
「コミュニケーション力を引き出す 演劇ワークショップのすすめ」平田オリザ、蓮行（PHP新書）
「わかりあえないことから―コミュニケーション能力とは何か」平田オリザ（講談社新書）
「インプロをすべての教室へ 学びを革新する即興ゲーム・ガイド」キャリー・ロブマン、マシュー・ルンドクゥイスト　他（新曜社）
「教育と医学　第68巻第6号　通巻第801号」教育と医学の会（慶応義塾大学出版会）

●第4章❶
「非言語表現の威力　パフォーマンス学実践講義」佐藤綾子（講談社現代新書）
「国際人をめざせ！コミュニケーションの達人〈4〉パフォーマンス―表現する力をきたえる」菊池省三（フレーベル館）

●第4章❷
「楽しみながらコミュニケーション力を育てる10の授業」菊池省三、菊池道場（中村堂）

●第6章❸
「子ども熟議NOW!」（教育同人社）菊池省三
「『子ども熟議』のすすめ」（文部科学省）
「熟議のススメ」鈴木寛（講談社）
「本当の頭のよさってなんだろう？」齋藤孝（誠文堂新光社）

●著者紹介

菊池省三（きくち・しょうぞう）

1959年愛媛県生まれ。「菊池道場」道場長。元福岡県北九州市公立小学校教諭。山口大学教育学部卒業。文部科学省の「『熟議』に基づく教育政策形成の在り方に関する懇談会」委員。2020年度（令和2年度）高知県いの町教育特使、大分県中津市教育スーパーアドバイザー、三重県松阪市学級経営マイスター、岡山県浅口市学級経営アドバイザー　等。

著書は、「『菊池実践』で創る　令和時代のコミュニケーション力あふれる中学校」「子どもたちが生き生きと輝く 対話・話し合いの授業づくり」「教室の中の困ったを安心に変える102のポイント」（以上　中村堂）など多数。

【第1・2章】丹野裕基（菊池道場東京支部）／木原小百合（菊池道場東京支部）／遠藤正和（菊池道場東京支部）／米山潤（菊池道場東京支部）
【第３章】中國達彬（菊池道場福山支部）／大西一豊（菊池道場大分支部）
【第４章】由川裕治（菊池道場熊本支部）
【第５章】近藤史親（菊池道場三河支部）／藤澤稔（菊池道場広島支部）
【第６章】西村昌平（菊池道場岡山支部）／篠原肇（菊池道場北九州支部）
【第７章】堀井悠平（菊池道場徳島支部）
※2021年３月１日現在

温かい人間関係を築き上げる「コミュニケーション科」の授業
（コミュニケーション叢書①）

2021年４月１日　第１刷発行

著　／菊池省三、菊池道場
発行者／中村宏隆
発行所／株式会社　中村堂
〒104-0043　東京都中央区湊3-11-7　湊92ビル 4F
Tel.03-5244-9939　Fax.03-5244-9938
ホームページ　http://www.nakadoh.com

印刷・製本／新日本印刷株式会社

ISBN978-4-907571-73-3